职业教育财经类专业教学用书

基础会计技能实训手册

主　编　何德显　陈宇前　梁中强
副主编　李其生　韦杰梅　廖春燕　罗　涛

電子工業出版社
Publishing House of Electronics Industry
北京 · BEIJING

内容简介

本书是《基础会计》教材的配套教学用书。本书按照主教材的内容同步设置习题，对学生学习内容进行自我检测和专业技能操作训练，也是对学生成绩考评的依据之一，以进一步巩固和提高学生专业理论知识和专业操作技能。

本书可作为职业院校会计专业及其他商贸类专业的辅助用书，也可作为各种形式的会计培训和广大会计从业人员的自学用书。

本书配有参考答案，以便教师备课和学生自学参考，详见前言。

图书在版编目（CIP）数据

基础会计技能实训手册 / 何德显，陈宇前，梁中强主编. – 北京：电子工业出版社，2013.8
职业教育财经类专业教学用书
ISBN 978-7-121-21229-1

Ⅰ. ①基…　Ⅱ. ①何… ②陈… ③梁…　Ⅲ. ①会计学－中等专业学校－教学参考资料　Ⅳ. ①F230

中国版本图书馆CIP数据核字（2013）第185991号

策划编辑：徐　玲
责任编辑：徐　玲
印　　刷：三河市双峰印刷装订有限公司
装　　订：三河市双峰印刷装订有限公司
出版发行：电子工业出版社
　　　　　北京市海淀区万寿路173信箱　　邮编100036
开　　本：787×1092　1/16　　印张：7.75　　字数：196.8千字
版　　次：2013年8月第1版
印　　次：2016年8月第4次印刷
定　　价：23.00元

凡所购买电子工业出版社图书有缺损问题，请向购买书店调换。若书店售缺，请与本社发行部联系，联系及邮购电话：（010）88254888，88258888。

质量投诉请发邮件至zlts@phei.com.cn，盗版侵权举报请发邮件至dbqq@phei.com.cn。

本书咨询联系方式：xuling@phei.com.cn。

前　言

为配合职业院校学生学习基础会计这门课程，我们根据基础会计课程的特点，编写了本书，与电子工业出版社何德显、陈宇前、梁中强担任主编的《会计基础》一书配套使用。

本书在编写过程中注意知识的系统性和题型的多样性，理论与实践相结合，具有较强的适用性和可操作性。本书项目划分与主教材同步，题型丰富，包括单项选择题、多项选择题、填空题、实训操作题，便于学生练习时使用。

本书由何德显、陈宇前、梁中强担任主编，由李其生、韦杰梅、廖春燕、罗涛担任副主编，由何德显进行统稿。参加本书编写的还有：杨美秋、陆龙燕、谢碧宇、左文敏、张丽珍、韦军英、莫孔军、闭海玲、姚文安、何小妹、潘玉艳、陆英群、宾明珍、覃艳帆、潘浩滨、卢青、陆昊民、李邕屏、杨宇寰、张秋霞、谭丽君、颜静。

在编写过程中，还得到了许多专业教师、职教专家、企业专家、行业专家的指导和帮助，在此无法一一列出，谨向他们表示诚挚的谢意。

为了方便教师教学，本书还配有习题答案（电子版），请有此需要的教师登录华信教育资源网（www.hxedu.com.cn）下载或与电子工业出版社联系，我们将免费提供（E-mail:hxedu@ phei.com.cn）。

由于编写人员水平有限，书中疏漏与错误之处在所难免，敬请读者批评指正。

编　者

目　　录

项目一

了解企业和会计

【项目目标】

1. 了解企业创立的基本条件。
2. 了解企业经济活动的基本内容。
3. 了解会计的基本职能、会计对象及资金运动过程。
4. 了解会计管理机构及其职能。
5. 了解会计专业技术资格的名称及其取得的方法。

一、填空题

1. 企业的创立需要具备法律规定的相关条件，比如需要有符合条件的__________、__________和必备的__________等。

2. 制造企业的经营活动是围绕着__________、__________、__________三个主要环节进行的。供应环节是企业为满足生产经营而进行各种 __________的过程；生产环节是企业对原材料进行__________既定产品的过程；销售环节是企业__________的过程。

3. 会计的职能是指会计在经济管理过程中所具有的功能，包括进行__________和实施__________两个方面。

4. 会计对象是特定主体能够以货币表现的经济活动，包括__________、__________和__________的全过程。

5. 会计行业自律管理组织有__________和__________。

6. 会计人员的职责主要包括：进行__________，及时提供真实可靠的、能满足有关各方需要的完整会计信息；实施__________，制止违反财务制度行为的发生；在国家统一的会计制度框架下，拟定本企业__________及相关的__________。

7. 会计专业职务分为__________、__________、__________和__________。

8. 初级会计专业技术资格的取得实行全国统一考试制度，具体考试科目是__________和__________。

二、单项选择题

1. 行业管理部门一般设置财务（会计）司、处、科等，负责管理（　　）的会计工作。

A. 本单位　　B. 本系统　　C. 本行业　　D. 全国

2. 会计从业资格证书在（　　）范围内有效。

A. 本单位　　B. 本系统　　C. 本行业　　D. 全国

三、多项选择题

1. 会计的特点主要体现在会计核算阶段，会计核算的基本特点包括（　　）。

A. 以货币为主要计量单位

B. 以真实、合法的会计凭证为依据

C. 会计核算和监督具有连续性、系统性、全面性和综合性

D. 会计具有一整套科学、完整的方法体系

2. 按会计主体的单位性质划分，会计可分为（　　）。

A. 工业会计　　B. 企业会计　　C. 政府会计　　D. 事业单位会计

3. 会计专业技术资格分为（　　）三个级别。

A. 会计员　　B. 初级资格　　C. 中级资格　　D. 高级资格

4. 会计从业资格证书的考试科目包括（　　）。

A. 财经法规与会计职业道德

B. 会计基础

C. 企业会计

D. 初级会计电算化

5. 中级会计专业技术资格的取得实行全国统一考试制度，具体考试科目为（　　）。

A. 中级会计实务　　B. 审计　　C. 财务管理　　D. 经济法

项目二

认识会计要素及会计核算方法

【项目目标】

1. 了解会计六要素的内容和基本分类方法。

2. 掌握会计要素的相互关系和经济业务对会计等式的影响。

3. 理解会计核算的基本方法和基本流程。

一、填空题

1. 经济业务就是会计核算和监督的__________和__________的具体事项，又称会计事项。

2. 我国《企业会计准则》将会计要素界定为六个，即__________、__________、__________、__________、__________和__________。

3. 资产按其流动性分为__________和__________两大类。

4. 负债按偿还期限的长短，可分为__________和__________。

5. 所有者权益按其性质分为__________、__________、__________和__________。

6. 企业的收入包括__________和__________；企业的费用包括__________和__________。

7. 期间费用包括__________、__________和__________。

8. 利润是指企业在一定会计期间的经营成果，包括__________减去__________后的净额、直接计入当期损益的__________和__________等。

9. “资产＝负债＋所有者权益”会计等式，反映了资产、负债和所有者权益三个会计要素之间的关系，揭示了企业在某一__________的财务状况，是编制__________的理论基础。

10. “收入－费用＝利润”会计等式，反映了企业一定期间内收入、费用和利润三要素之间的关系，揭示了企业在某一__________的生产经营成果，是编制__________的理论依据。

11. 记账凭证核算程序是指直接根据__________逐笔登记总分类账的会计核算程序。

12. 记账凭证汇总表核算程序又称________核算程序，它是根据记账凭证定期编制________，然后根据________登记总分类账的一种会计核算程序。

二、单项选择题

1. 下列项目不属于资产的是（　　）。
A. 房屋　B. 原材料　C. 应收未收的货款　D. 预收的货款
2. 下列项目不属于流动资产的是（　　）。
A. 机器设备　B. 原材料　C. 库存现金　D. 银行存款
3. 下列项目属于非流动资产的是（　　）。
A. 应收未收的货款　B. 预收的货款　C. 厂房　D. 应交未交的税费
4. 下列项目属于收入的是（　　）。
A. 出售厂房取得的收入　B. 转让设备取得的收入
C. 代收增值税　D. 转让原材料取得的收入
5. 用银行存款归还银行借款。该项经济业务引起（　　）。
A. 资产增加，权益增加　B. 资产减少，权益减少
C. 一项资产增加，另一项资产减少　D. 一项权益增加，另一项权益减少
6. 用银行存款购买材料。该项经济业务引起（　　）。
A. 资产增加，权益增加　B. 资产减少，权益减少
C. 一项资产增加，另一项资产减少　D. 一项权益增加，另一项权益减少
7. 购买材料，货款未付。该项经济业务引起（　　）。
A. 资产增加，权益增加　B. 资产减少，权益减少
C. 一项资产增加，另一项资产减少　D. 一项权益增加，另一项权益减少
8. 按协议，将原欠某单位的货款转作投入资本。该项经济业务引起（　　）。
A. 资产增加，权益增加　B. 资产减少，权益减少
C. 一项资产增加，另一项资产减少　D. 一项权益增加，另一项权益减少

三、多项选择题

1. 下列项目属于资产的是（　　）。
A. 应付未付的材料款　B. 预付的材料款
C. 应收未收的货款　D. 预收的货款
2. 下列项目属于流动资产的是（　　）。
A. 库存现金　B. 银行存款　C. 原材料　D. 预付的材料款
3. 下列项目属于负债的是（　　）。
A. 长期借款　B. 应付职工薪酬
C. 应收未收的货款　D. 预收的货款

4. 下列项目属于流动负债的是（　　）。

A. 长期借款　　B. 应付职工薪酬

C. 应收未收的货款　　D. 预收的货款

5. 下列项目属于收入的是（　　）。

A. 出售产品取得的收入　　B. 出售厂房取得的收入

C. 出售材料取得的收入　　D. 出租厂房取得的收入

6. 下列项目属于费用的是（　　）。

A. 罚款支出　　B. 捐赠支出　　C. 广告费支出　　D. 差旅费支出

四、实训操作

实训一

【实训目的】认识资产、负债和所有者权益及它们之间的关系。

【资　　料】某企业 2013 年 6 月末有关资料如表 2-1 所示。

【要　　求】

（1）分析判断表中各项目所属的类别，并将其金额填入表中相应的类别。

（2）分别计算各类别的合计数。

（3）根据各类合计金额和会计等式，列式表示资产、负债、所有者权益三者之间的关系。

表2–1　某企业2013年6月30日资产、负债、所有者权益结存情况

序　号	项 目 内 容	所属类别及金额		
		资产（元）	负债（元）	所有者权益（元）
1	出纳处存放的现金1 000元			
2	欠其他单位的材料款120 000元			
3	欠银行贷款900 000元			
4	在银行的存款金额200 000元			
5	仓库存放的材料600 000元			
6	办公楼及车间1 600 000元			
7	其他单位欠的货款290 000元			
8	机器设备3 200 000元			
9	仓库存放的产品800 000元			
10	投资者投入的资本5 000 000元			
11	未分配的利润490 000元			
12	预付其他单位的材料款150 000元			
13	未缴纳的税金60 000元			
14	未缴纳的保险费30 000元			

续表

序　号	项目内容	所属类别及金额		
		资产（元）	负债（元）	所有者权益（元）
15	职工预借差旅费9 000元			
16	预收其他单位的货款250 000元			
	合　计			

会计等式：______________________

实训二

【实训目的】认识收入、费用和利润及它们之间的数量关系。

【资　　料】某商业公司2013年6月有关资料如表2-2所示。

【要　　求】

（1）分析判断表中各项目所属的类别，并将其金额填入表中相应的类别。

（2）分别计算收入、费用的合计数，并计算本月的利润额（“合计”栏）。

（3）根据各类合计金额和会计等式，列式表示收入、费用和利润三者之间的数量关系。

表2-2　某商业公司2013年6月份收入、费用情况

序　号	项目内容	所属类别及金额		
		收入（元）	费用（元）	利润（元）
1	销售甲商品收入240 000元，其进货成本190 000元			
2	支付房租费20 000元			
3	购买办公用品8 000元			
4	销售乙商品收入340 000元，其进货成本280 000元			
5	支付职工工资90 000元			
6	销售丙商品收入500 000元，其进货成本420 000元			
7	支付水电费16 000元			
8	收到某单位租金60 000元			
9	支付运杂费13 000元			
10	支付职工差旅费10 000元			
11	支付银行利息36 000元			
12	支付广告费5 000元			
	合　计			

会计等式：______________________

实训三

【实训目的】认识会计等式的恒等关系。

【资　　料】某商业公司 2013 年 6 月有关项目期初余额如表 2-3 所示。

该公司 2013 年 6 月份发生的经济业务如下：

（1）购进材料 100 000 元，货款未付。

（2）借入短期借款 200 000 元，存入银行。

（3）以现金支付职工预借差旅费 1 000 元。

（4）以银行存款缴纳税金 60 000 元。

（5）接受某公司投资投入固定资产 300 000 元。

【要　求】

（1）分析判断以上经济业务所引起的各项目增加或减少，并将其金额填入表中相应的项目。

（2）分别计算各项目的月末余额和各类月末余额合计。

表2-3　某商业公司2013年6月有关项目余额变化情况表

金额单位：元

项　目		月初余额	增　加	减　少	月末余额
资产	库存现金	1 200			
	银行存款	200 000			
	应收款项	760 000			
	原材料	1 638 800			
	库存商品	400 000			
	固定资产	2 600 000			
资产合计		5 600 000			
负债	短期借款	1 200 000			
	应付款项	300 000			
	应交税费	60 000			
	负债小计	1 560 000			
所有者权益	实收资本	3 000 000			
	资本公积	660 000			
	盈余公积	380 000			
	所有者权益小计	4 040 000			
权益合计		5 600 000			

会计等式：____________________

实训四

【实训目的】认识经济业务对会计等式的影响。

【资　　料】

南华市高新电子有限公司 2013 年 8 月 1 日资产、负债和所有者权益如表 2-4 所示。

表2-4　南华市高新电子有限公司2013年8月各项目期初余额表

金额单位：元

资产名称	金　额	权益名称	金　额
库存现金	10 000	短期借款	500 000
银行存款	580 000	应付款项	200 000
应收款项	310 000	负债小计	700 000
原材料	200 000	实收资本	2 000 000
库存商品	300 000	资本公积	300 000
固定资产	800 000	盈余公积	600 000
无形资产	1 600 000	未分配利润	200 000
		所有者权益小计	3 100 000
资产合计	3 800 000	权益合计	3 800 000

2.2013 年 8 月发生的经济业务如表 2-5 所示。

表2-5　会计等式变化情况表

项　　目	经济业务发生后的变化结果			
	资产（万元）	负债（万元）	所有者权益（万元）	会计等式（万元）
期初余额	380	70	310	380＝70＋310
某公司投资投入设备40万元				
以银行存款10万元偿还债务				
以银行存款购入材料30万元				
收到某单位预付货款20万元				
以银行存款10万元归还借款				

【要　求】

分析判断以上经济业务所引起的各项目增加或减少，将变化后的各项目金额和会计等式填入表中相应的项目。

项目三

认识原始凭证

【项目目标】

1. 了解经济业务的含义。

2. 了解原始凭证及其种类。

3. 识读常见的原始凭证所反映的经济业务内容。

4. 会填制常见的原始凭证。

一、填空题

1. 会计凭证是记录______________、明确______________、按一定格式编制的据以______________的书面证明。

2. 会计凭证按其填制的程序和用途不同，分为______________和______________两大类。

3. 原始凭证按其取得的来源分类，可分为______________和______________两类。

4. 原始凭证是______________发生或完成时填制或取得的，用以记录______________发生和完成情况、明确______________的书面证明。

5. 购买实物的原始凭证，必须有______________证明；支付款项的原始凭证，必须有收款单位和收款人的______________证明。

6. 从外单位取得的原始凭证，必须盖有______________的公章；从个人取得的原始凭证，必须有______________的签名或者盖章。自制原始凭证必须有______________领导人或者其指定的人员签名或者盖章。对外开出的原始凭证，必须加盖______________公章。

二、单项选择题

1. 以下事项不属于经济业务的是（　　）。

A. 签订买卖合同　B. 支付材料款　C. 归还银行借款　D. 赊销商品

2. 以下不属于自制原始凭证是（　　）。

A. 产品入库单　B. 领料单　C. 购买材料的发票　D. 工资单

3. 以下属于证明现金增加的原始凭证是（　　）。

A. 现金借据　B. 现金收据　C. 现金支出单　D. 领款单

三、多项选择题

1. 以下事项属于必须填制或者取得原始凭证经济业务事项的是（　　）。

A. 款项和有价证券的收付　　B. 财物的收发、增减和使用

C. 债权债务的发生和结算　　D. 收入、支出、费用、成本的计算

2. 以下属于外来原始凭证的是（　　）。

A. 购买办公用品的发票　　B. 进账单回单

C. 材料入库单　　D. 购买材料开具的发票

3. 以下属于银行收付凭证的是（　　）。

A. 现金支票　　B. 收款收据　　C. 进账单　　D. 托收凭证

4. 以下属于证明货物增加的原始凭证是（　　）。

A. 发货单　　B. 入库单　　C. 收料单　　D. 领料单

5. 以下属于证明货物减少的原始凭证是（　　）。

A. 发货单　　B. 入库单　　C. 出库单　　D. 领料单

四、实训操作

实训一

【实训目的】识读原始凭证。

【资　　料】如图 3-1 ～图 3-10 所示的原始凭证（注：本书假设“南华市”为“省级直辖市”，各种印章按照直辖市设计）。

【要　　求】根据原始凭证完成填空题、选择题。

1. 如图 3-1 所示。

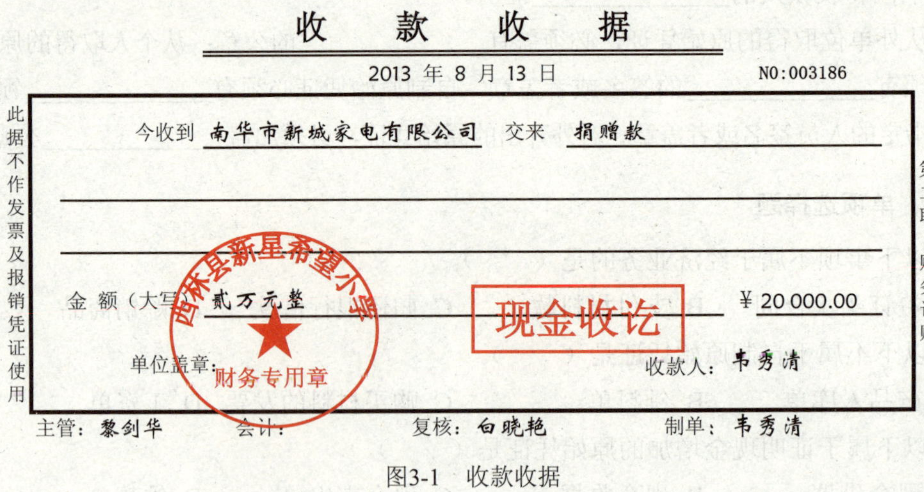
收款收据

2013 年 8 月 13 日　　N0:003186

今收到 南华市新城家电有限公司 交来 捐赠款

金额（大写） 贰万元整　　¥ 20 000.00

单位盖章：　　收款人：韦秀清

主管：黎剑华　会计：　复核：白晓艳　制单：韦秀清

此据不作发票及报销凭证使用

第二联：财务记账

图3-1　收款收据

[**填空题**]

凭证名称是__________，交款人（单位）是____________________，收款单位是____________________，付款方式是____________________，收款人是______________，金额是____________元，凭证联次是__________，该联用途是__________。

[**单项选择题**]

（1）该凭证由（　　）留存。

A. 收款单位　　　B. 付款单位

（2）该凭证表明（　　）。

A. 现金增加　　　B. 现金减少

2. 如图 3-2 所示。

收　　款　　收　　据

2013 年 8 月 13 日　　　　NO 003166

此据不作发票及报销凭证使用

今收到 南华市新城家电有限公司 交来 捐赠款

金 额（大写） 贰万元整　　　现金收讫　　　¥ 20 000.00

单位盖章：西林县新星希望小学 财务专用章　　　收款人：韦秀清

第三联：交款人留存

主管：黎剑华　　会计：　　复核：白晓艳　　制单：韦秀清

图3-2　收款收据

[**填空题**]

凭证名称是____________________，凭证联次是____________________，该联的用途是______________。

[**单项选择题**]

（1）该凭证由（　　）留存。

A. 收款单位　　　B. 付款单位

（2）该凭证表明（　　）。

A. 现金增加　　　B. 现金减少

3. 如图 3-3 所示。

借　　款　　单

2013 年 8 月 6 日

借款用途	出差桂林		
借款金额（大写）	壹仟伍佰元整　　¥1500.00		
借款申请人	易佳琳	部门负责人	阳小平
备　注	现金付讫	收款人（签名）	易佳琳

总经理：邢志斌　　财务负责人：杨晓莉　　出纳：姚丽琼

图3-3　借款单

[**填空题**]

凭证名称是＿＿＿＿＿＿，借款申请人是＿＿＿＿＿＿，借款用途是＿＿＿＿＿＿，付款方式是＿＿＿＿＿＿，借款金额是＿＿＿＿＿＿元。

[**单项选择题**]

（1）该凭证由（　　）留存。

A. 单位会计　　B. 借款人

（2）该凭证表明（　　）。

A. 现金增加　　B. 现金减少

4. 如图 3-4 所示。

中国建设银行转账支票存根

B C

2 0　　32532712

附加信息

出票日期：2013 年 8 月13 日

收款人：	南华快达物流公司
金　额：	3 000.00
用　途：	运输费

单位主管　　　　会计

图3-4　中国建设银行转账支票存根

[填空题]

凭证名称是________________，凭证编号是________________，收款人（单位）是________________，款项用途是________________，金额是________________元。

[单项选择题]

（1）该凭证由（　　）留存。

A. 银行　　B. 付款单位

（2）该凭证表明（　　）。

A. 已开出支票（备查）　　B. 银行存款减少

5. 如图 3-5 所示。

中国建设银行 进账单 （回 单） 1

2013年 8 月 11 日

出票人	全　称	南华市安居家具有限公司	收款人	全　称	南华快达物流公司
	账　号	450016048513663646		账　号	450016048513636231
	开户银行	建行南华锦华支行		开户银行	工行南华江北支行
金额	人民币（大写）	叁仟元整		亿千百十万千百十元角分	¥300000
票据种类	转账支票	票据张数	1		
票据号码	32532712				
复核　　记账				付款人开户银行签章	

开户银行交给持（出）票人的回单

中国建设银行股份有限银行 南华市锦华支行 2013.08.11 办讫章 （6）

图3-5　中国建设银行进账单（回单）

[填空题]

凭证名称是____________，付款人（单位）是____________，收款人（单位）是____________，金额是____________元，票据种类是____________，票据号码是____________，凭证联次是____________。

[单项选择题]

（1）该凭证由（　　）留存。

A. 收款单位　　B. 付款单位　　C. 银行

（2）该凭证表明（　　）。

A. 银行存款增加　　B. 银行存款减少

6. 如图 3-6 所示。

中国建设银行 进账单 （收账通知） 3

2013年 8 月 11 日

出票人	全称	南华市安居家具有限公司	收款人	全称	南华快达物流公司	开户银行交给收款人的收账通知
	账号	450016048513663646		账号	450016048513636231	
	开户银行	建行南华锦华支行		开户银行	工行南华江北支行	
金额	人民币（大写）	叁仟元整			亿 千 百 十 万 千 百 十 元 角 分 ¥ 3 0 0 0 0 0	
票据种类		转账支票	票据张数	1		
票据号码		32532712				
	复核	记账			收款人开户银行签章	

中国工商银行股份有限公司
南华市锦华支行
2013.08.11
办讫章
（2）

图3-6 中国建设银行进账单（收账通知）

［填空题］

凭证名称是____________，凭证联次是____________。

［单项选择题］

（1）该凭证由（　　）留存。

A. 收款单位　　B. 付款单位　　C. 银行

（2）该凭证表明（　　）。

A. 银行存款增加　　B. 银行存款减少

7. 如图 3-7 所示。

材　料　入　库　单

供货单位：武汉市林江物资有限公司　　2013 年 8 月 16 日　　金额单位：元

品名	型号规格	产地	计量单位	单价	应收数			实收数			盈亏数（+、−）		
					件数	数量	金额	件数	数量	金额	件数	数量	金额
钢管	2.5cm×30cm	武汉	吨	4 500.00		20	90 000.00		19.98	89 910.00		−0.02	−90.00
合计							90 000.00			89 910.00		−0.02	−90.00
备注													

第三联：财务记账

南华市安居家具有限公司
业务专用章

南华市安居家具有限公司
财务结算章
2013.08.16

复核：　　会计：凌丽娜　　验收：黄刚　　制单：黎汉强

图3-7 材料入库单

［填空题］

凭证名称是＿＿＿＿＿＿，材料名称是＿＿＿＿＿＿，应该收到的数量是＿＿＿＿＿＿吨，实际收到的数量是＿＿＿＿＿＿吨，应该收到的金额是＿＿＿＿＿＿元，实际收到的金额是＿＿＿＿＿＿元；供货单位是＿＿＿＿＿＿＿＿＿＿＿＿，收货单位是＿＿＿＿＿＿＿＿＿＿＿＿，制单人是＿＿＿＿＿＿，验收人是＿＿＿＿＿＿；凭证联次是＿＿＿＿＿＿，该联的用途是＿＿＿＿＿＿。

［单项选择题］

（1）该凭证由（　　）留存。

A. 开单的业务员　B. 仓库保管员　C. 会计人员

（2）该凭证表明（　　）。

A. 钢管增加 20 吨　B. 钢管增加 19.98 吨

C. 钢管减少 20 吨　D. 钢管减少 19.98 吨

8. 如图 3-8 所示。

产　品　出　库　单　　№ 0032436

购货单位：南华市凯悦家电贸易公司　　开单日期：2013年8月13日

产品名称	型号规格	计量单位	计划数	实发数	单价	金额	单位成本	总成本
电冰箱	BCD-251WBSV	台	20	20	2 250.00	45 000.00		
合计						45 000.00		
合计（大写）	肆万伍仟元整							

第三联：财务记账

南华市新城家电有限公司 业务专用章

南华市新城家电有限公司 财务结算章 2013.08.13

会计：姜剑星　保管：杨华　提货：华晓艳　制单：单莉莉

图3-8　产品出库单

［填空题］

凭证名称是＿＿＿＿＿，产品名称是＿＿＿＿＿，实际发货的数量是＿＿＿＿＿台，销售单价是＿＿＿＿＿元，货款金额是＿＿＿＿＿元；购货单位是＿＿＿＿＿，销售单位是＿＿＿＿＿，制单人是＿＿＿＿＿＿，发货人是＿＿＿＿＿＿；凭证联次是＿＿＿＿＿，该联的用途是＿＿＿＿＿。

［单项选择题］

（1）该凭证由（　　）留存。

A. 开单的业务员　　B. 仓库保管员　　C. 会计人员

（2）该凭证表明（　　）。

A. 电冰箱增加　　B. 电冰箱减少

9. 如图 3-9 所示。

南华市增值税专用发票

5588[illegible]232　　　　记账联　　　　NO：6234327

开票日期2013年8月13日

购货单位	名称：南华市凯悦家电贸易公司 纳税人识别：450122316605263 地址、电：南华市民族大道213号0771－53248664 开户行及账：建行南华民族支行 450016048513323486			密码区	03**263>>0821927-8303 -5215895---669*>7873/ 37315/6*2-+505/32+78 +48-4*1850164907>>>/		加密版本：01 4300062620 03948082
货物或应税劳务名称	规格型号	单位	数量	单价	金额	税率	税额
电冰箱	BCD-251WBSV	台	20	1 900.00	38 000.00	17%	6 460.00
合　计					¥38 000.00		¥6 460.00
价税合计（大写）	人民币肆万伍仟元整					小写：¥44 460.00	
销货单位	名称：南华市新城家电有限公司 纳税人识别：68168899076352 地址、电：南华市新华路376号0771－36188632 开户行及账：建行南华新华支行 450016048513226357			备注	转账		

收款人：　　　复核：单强　　　开票人：颜小松　　　销货单位：（章）

第四联：销货方记账凭证

南华市新城家电有限公司　4501223165603662　发票专用章

全国统一发票监制章　南华市　国家税务总局监制

南华市新城家电有限公司　财务结算章　2013.08.16

图3-9　增值税专用发票

［填空题］

凭证名称是__________，发票号码是__________，产品名称是__________，产品数量是__________台，单价是__________元，金额是__________元；税额是__________元，价税合计__________元；购货单位是__________，销售单位是__________，开票人是__________，复核人是__________；凭证联次是__________，该联的用途是__________。

［单项选择题］

（1）该凭证由（　　）留存。

A. 购货单位　　B. 销售单位

（2）该凭证表明（　　）。

A. 电冰箱增加　　B. 电冰箱减少　　C. 销售收入增加　　D. 销售收入减少

10. 如图 3-10 所示。

南华市增值税专用发票

88510128　　　　　　　　　　　　　　　　　　NO: 6234327

发 票 联　　　　　　　　　　　　开票日期2013年8月16日

购货单位	名　　称：南华市凯悦家电贸易公司 纳税人识别 4501223165605263 地 址、电 南华市民族大道213号0771－53248664 开户行及账 建行南华民族支行 450016048513323486				密码区	03**263>>0821927-8303 -5215895---669*>7873/ 37315/6*2-+505/32+78 +48-4*1850164907>>>/		加密版本：01 4300062620 03948082
货物或应税劳务名称	规格型号	单位	数量	单价	金额		税率	税额
电冰箱	BCD-251WBSV	台	20	1 900.00	38 000.00		17%	6 460.00
合　　计					¥38 000.00			¥6 460.00
价税合计（大写）	人民币肆万伍仟元整						小写：¥44 460.00	
销货单位	名　　称：南华市新城家电有限公司 纳税人识别 68168899076352 地 址、电 南华市新华路376号0771－36188632 开户行及账 建行南华新华支行 450016048513226357				备注	转账		

第二联：购货方记账凭证

收款人：　　　　复核：单强　　　　开票人：颜小松　　　　销货单位：（章）

图3-10　增值税专用发票

［填空题］

凭证名称是________，凭证联次是________，该联的用途是________。

［单项选择题］

（1）该凭证由（　　）留存。

A. 购货单位　　　B. 销售单位

（2）该凭证表明（　　）。

A. 电冰箱增加　　　B. 电冰箱减少　　　C. 在途物资增加　　　D. 在途物资减少

实训二

【实训目的】识读原始凭证。

【资　　料】下列各组原始凭证。

【要　　求】根据原始凭证完成填空题。

1. 如图 3-11 ～图 3-15 所示。

南华市增值税专用发票

[illegible]85101282　　（南华市安居家具有限公司 4501223165603662 发票专用章）　（全国统一发票监制章 南华市 国家税务总局监制）

发 票 联

NO：6234338

开票日期2013年8月16日

购货单位	名　　称：南华市粤华贸易有限公司 纳税人识别号：4501223165663685 地 址、电 话：南华市桂海路463号0771-63546323 开户行及账号：建行南华桂海支行 450116048513633624	密码区	03**263>>0821927-8303 -5215895---669*>7873/ 37315/6*2-+505/32+78 +48-4*1850164907>>>/
			加密版本：01 4300062620 03948082

货物或应税劳务名称	规格型号	单位	数量	单价	金额	税率	税额
课桌		张	800	110.00	88 000.00	17%	1 4960.00
课椅		张	800	100.00	80 000.00	17%	1 3600.00
合　　计					¥ 168 000.00		¥ 28 560.00
价税合计（大写）	人民币壹拾玖万陆仟伍佰陆拾元整					小写：¥ 196 560.00	

销货单位	名　　称：南华市安居家具有限公司 纳税人识别号：4501223165603662 地 址、电 话：南华市锦华大道632号0771－39888366 开户行及账号：建行南华锦华支行 450016048513663646	备注	（南华市安居家具有限公司 财务结算章 2013.08.16）

收款人：　　复核：凌丽娜　　开票人：幸魏国　　销货单位：（章）

第二联：购货方记账凭证

图3-11　增值税专用发票

南华市增值税专用发票

[illegible]3351O1282　　（南华市安居家具有限公司 4501223165603662 发票专用章）　（全国统一发票监制章 南华市 国家税务总局监制）

抵 扣 联

NO：6234338

开票日期2013年8月16日

购货单位	名　　称：南华市粤华贸易有限公司 纳税人识别号：4501223165663685 地 址、电 话：南华市桂海路463号0771-63546323 开户行及账号：建行南华桂海支行 450116048513633624	密码区	03**263>>0821927-8303 -5215895---669*>7873/ 37315/6*2-+505/32+78 +48-4*1850164907>>>/
			加密版本：01 4300062620 03948082

货物或应税劳务名称	规格型号	单位	数量	单价	金额	税率	税额
课桌		张	800	110.00	88 000.00	17%	14 960.00
课椅		张	800	1?0.00	80 000.00	17%	13 600.00
合　　计					¥ 168 000.00		¥ 28 560.00
价税合计（大写）	人民币壹拾玖万陆仟伍佰陆拾元整					小写：¥196 560.00	

销货单位	名　　称：南华市安居家具有限公司 纳税人识别号：4501223165603662 地 址、电 话：南华市锦华大道632号0771－39888366 开户行及账号：建行南华锦华支行 450016048513663646	备注	（南华市安居家具有限公司 财务结算章 2013.08.16）

收款人：　　复核：凌丽娜　　开票人：幸魏国　　销货单位：（章）

第三联：购货方抵扣凭证

图3-12　增值税专用发票

商　品　入　库　单

供货单位：南华市安居家具有限公司　　2013 年 8 月 16 日　　金额单位：元

（南华市粤华贸易有限公司 业务专用章）

品名	规格	产地	计量单位	单价	应收数 件数	应收数 数量	应收数 金额	实收数 件数	实收数 数量	实收数 金额	盈亏数（+、－）件数	盈亏数（+、－）数量	盈亏数（+、－）金额
课桌		南华	张	110.00		800	88 000.00		800	88 000.00			
课椅		南华	张	100.00		800	80 000.00		800	80 000.00			
合　计							168 000.00			168 000.00			
备　　注													

（南华市粤华贸易有限公司 财务结算章 2013.08.16）

复核：　　会计：凌丽娜　　验收：黄刚　　制单：黎汉强

第三联：财务记账

图3-13　商品入库单

中国建设银行转账支票存根
BC
20　32532687

附加信息

出票日期：2013 年 8 月16 日

收款人：	南华市安居家具有限公司
金　额：	196 560.00
用　途：	课桌、课椅

单位主管　　　　会计

图3-14　中国建设银行转账支票存根

中国建设银行　**进账单**　（回　单）　　1

2013年 8 月 16 日

出票人	全　称	南华市粤华贸易有限公司	收款人	全　称	南华市安居家具有限公司
	账　号	450116048513633624		账　号	450016048513663646
	开户银行	建行南华桂海支行		开户银行	建行南华锦华支行
金额	人民币（大写）	壹拾玖万陆仟伍佰陆拾元整		亿千百十万千百十元角分	¥19656000
票据种类		转账支票	票据张数	1	
票据号码		32532687			
复核		记账		付款人开户银行签章	

中国建设银行股份有限公司
南华市锦华支行
2013.08.16
办讫章
（6）

开户银行交给持（出）票人的回单

图3-15　中国建设银行进账单（回单）

以上原始凭证组表明，＿＿＿＿＿＿公司从＿＿＿＿＿＿公司购进课桌＿＿＿＿＿＿张、课椅＿＿＿＿＿＿张，价款金额合计＿＿＿＿＿＿元，税额合计＿＿＿＿＿＿元，价税合计＿＿＿＿＿＿元；实际收到课桌＿＿＿＿＿＿张、课椅＿＿＿＿＿＿张，价款金额合计＿＿＿＿＿＿元；货款已以＿＿＿＿＿＿支付，金额为＿＿＿＿＿＿元。

【小提示】

购进的相关数据应该依据购进取得的发票分析填列；实际收到的相关数据应该依据入库的相关凭证分析填列；付款情况应该根据付款的相关凭证分析填列。

2. 如图 3-16 ～图 3-18 所示。

南华市增值税专用发票

5588[illegible]　　　　　　　　　　　　　　　　NO：6234328

记账联　　　　　　　　　　　　　　　　开票日期2013年8月16日

购货单位	名　　称：南华市粤华贸易有限公司 纳税人识别号：450122316566368 5 地 址、电 话：南华市桂海路463号0771-63546323 开户行及账号：建行南华桂海支行 450116048513633624	密码区	03**263>>0821927-8303 -5215895---669*>7873/ 37315/6*2-+505/32+78 +48-4*1850164907>>>/
			加密版本：01 4300062620 03948082

货物或应税劳务名称	规格型号	单位	数量	单价	金额	税率	税额
课桌		张	800	110.00	88 000.00	17%	14 960.00
课椅		张	800	100.00	80 000.00	17%	13 600.00
合　计					¥ 168 000.00		¥ 28 560.00
价税合计（大写）	人民币壹拾玖万陆仟伍佰陆拾元整						小写：¥ 196 560.00

销货单位	名　　称：南华市安居家具有限公司 纳税人识别号：4501223165603662 地 址、电 话：南华市锦华大道632号0771－39888266 开户行及账号：建行南华锦华支行 450016048513663646	备注	合同约定2013年9月30日前付款

收款人：　　复核：凌丽娜　　开票人：幸魏国　　销货单位：（章）

第四联：销货方记账凭证

图3-16　增值税专用发票

产　品　出　库　单　　No. 0032437

购货单位：南华市粤华贸易有限公司　　开单日期：2013年8月16日

产品名称	型号规格	计量单位	计划数	实发数	单价	金额	单位成本	总成本
课桌		张	800	800	128.70	102 960.00	90.00	72 000.00
课椅		张	800	800	117.00	93 600.00	80.00	64 000.00
合计						196 560.00		136 000.00
合计（大写）	壹拾玖万陆仟伍佰陆拾元整							

会计：凌丽娜　　保管：刘杰　　提货：杨建怀　　制单：单建林

第三联：财务记账

图3-17　产品出库单

中国建设银行　**进账单**　（收账通知）　3

2013年 8 月 16 日

出票人	全　称	南华市粤华贸易有限公司	收款人	全　称	南华市安居家具有限公司
	账　号	450116048513633624		账　号	450016048513663646
	开户银行	建行南华桂海支行		开户银行	建行南华锦华支行
金额	人民币（大写）	壹拾玖万陆仟伍佰陆拾元整		亿千百十万千百十元角分	¥19656000 0
票据种类	转账支票	票据张数	1		
票据号码	32532687				
复核	记账			收款人开户银行签章	

开户银行交给收款人的收账通知

图3-18　中国建设银行进账单（收账通知）

以上原始凭证表明，__________公司销售给__________公司课桌__________张、课椅__________张，价款金额合计__________元，税额合计__________元，价税合计__________元；实际发出课桌__________张、课椅__________张，货款合计__________元；课桌单位成本__________元，课椅单位成本__________元；合计总成本__________元；货款已收到存入__________，金额为__________元。

【小提示】

销售的相关数据应该依据销售的发票分析填列；实际发出的相关数据应该依据产品出库的凭证分析填列；收款情况应该根据收款的相关凭证分析填列。

3. 如图 3-19 ～图 3-22 所示。

山东省增值税专用发票

45883102346　　　　（全国统一发票监制章 山东省 发票联 国家税务总局监制）　　　　NO 2734656

开票日期2013年8月12日

购货单位	名称：南华市安居家具有限公司 纳税人识别号：4501223165603662 地址、电话：南华市锦华大道632号0771－39888366 开户行及账号：建行南华锦华支行 450016048513663646			密码区	03**263>>0821927-8303 -5215895---669*>7873/ 37315/6*2-+505/32+78 +48-4*1850164907>>>/		加密版本：01 4300062620 03948082
货物或应税劳务名称	规格型号	单位	数量	单价	金额	税率	税额
精密推台锯	MJ3000 45°	台	1	70 000.00	70 000.00	17%	11 900.00
合　计					¥ 70 000.00		¥ 11 900.00
价税合计（大写）	人民币捌万壹仟玖佰元整					小写	¥ 81 900.00
销货单位	名称：青岛凯粤机械制造有限公司 纳税人识别号：6302223165611334 地址、电话：青岛市五一路269号　0532-4695427 开户行及账号：工行青岛市五一支行630216048513662469			备注			

第二联：购货方记账凭证

（印章：青岛凯粤机械制造有限公司 6302223165611334 发票专用章；青岛凯粤机械制造有限公司 财务结算章 2013.08.12）

收款人：　　　　复核：闫永亮　　　　开票人：余晓平　　　　销货单位：（章）

图3-19　增值税专用发票

山东省增值税专用发票

45883102343　　　　（全国统一发票监制章 山东省 抵扣联 国家税务总局监制）　　　　NO：2734656

开票日期2013年8月12日

购货单位	名称：南华市安居家具有限公司 纳税人识别：4501223165603662 地址、电：南华市锦华大道632号0771－39888366 开户行及账：建行南华锦华支行 450016048513663646			密码区	03**263>>0821927-8303 -5215895---669*>7873/ 37315/6*2-+505/32+78 +48-4*1850164907>>>/		加密版本：01 4300062620 03948082
货物或应税劳务名称	规格型号	单位	数量	单价	金额	税率	税额
精密推台锯	MJ3000 45°	台	1	70 000.00	70 000.00	17%	11 900.00
合　计					¥ 70 000.00		¥ 11 900.00
价税合计（大写）	人民币捌万壹仟玖佰元整					小写	¥ 81 900.00
销货单位	名称：青岛凯粤机械制造有限公司 纳税人识别：6302223165611334 地址、电：青岛市五一路269号　0532-4695427 开户行及账：工行青岛市五一支行630216048513662469			备注			

第三联：购货方抵扣凭证

（印章：青岛凯粤机械制造有限公司 6302223165611334 发票专用章；青岛凯粤机械制造有限公司 财务结算章 2013.08.12）

收款人：　　　　复核：闫永亮　　　　开票人：余晓平　　　　销货单位：（章）

图3-20　增值税专用发票

固定资产验收单

供货单位 青岛凯粤机械制造有限公司　　2013年8月12日　　第　号

编号	名称	规格	计量单位	应收数量	实收数量	单价	金额 十	万	千	百	十	元	角	分	使用单位
	精密推台锯	MJ3000 45°	套	1	1	70 000.00		7	0	0	0	0	0	0	备料车间
合计金额（大写）		柒万元整					¥	7	0	0	0	0	0	0	
备 注		已交付车间使用													

第二联：财务记账

会计：凌丽娜　　保管：　　验收：成小艳　　制表：江涛

图3-21　固定资产验收单

中国建设银行　电汇凭证　（回　单）　1

□普通　□加急　　委托日期　2013年8月12日

汇款人	全　称	南华市安居家具有限公司	收款人	全　称	青岛凯粤机械制造有限公司
	账　号	450016048513663646		账　号	630216048513662469
	汇出地点	省 南华 市/县		汇入地点	山东 省 青岛 市/县
汇出行名称		建行南华锦华支行	汇入行名称		工行青岛市五一支行
金额	人民币（大写）	捌万壹仟玖佰元整	亿 千 百 十 万 千 百 十 元 角 分		¥ 8 1 9 0 0 0 0
			支付密码		
			附加信息及用途：支付MJ3000　45°　精密推台锯		
		汇出行签章	复核		记账　兰昔朋

此联是汇出行给汇款人的回单

图3-22　中国建设银行电汇凭证（回单）

以上原始凭证表明，__________公司从__________公司购进精密推台锯，数量为________套，价款金额为________元，税额为________元，价税合计________元；实际收到________套，价款金额为________元；货款已以__________支付，金额为________元。

4. 如图 3-23 ～图 3-25 所示。

南华市广告业专用发票

全国统一发票监制章 南华市 地方税务局监制

发票代码：23500269

发票号码：1605796

客户名称：南华市安居家具有限公司　　2013年8月13日

项　目	单位	数量	单价	超过拾万元无效	金额 万	千	百	十	元	角	分
广告费						8	0	0	0	0	0
合　计（大写）	捌仟元整				¥	8	0	0	0	0	0

第二联：发票联

南华日报社广告公司 发票专用章

开票单位：（盖章有效）　　开票人：张晓宇　　收款人：黄恩龙

图3-23　南华市广告业专用发票

中国建设银行转账支票存根

B C

2 0　　32532635

附加信息

出票日期：2013 年 8 月13 日

收款人：南华日报社广告公司

金　额：8 000.00

用　途：广告费

单位主管　　会计

图3-24　中国建设银行转账支票存根

中国建设银行 **进账单** （回 单） 1

2013年 8 月 13 日

出票人	全 称	南华市安居家具有限公司	收款人	全 称	南华日报社广告公司
	账 号	450016048513663646		账 号	450016048513634362
	开户银行	建行南华锦华支行		开户银行	工行南华江北支行
金额	人民币（大写）	捌仟元整		亿千百十万千百十元角分	¥800000
票据种类		转账支票	票据张数		
票据号码		32532635			
	复核	记账			付款人开户银行签章

中国建设银行股份有限公司
南华市锦华支行
2013.08.13
办讫章
（6）

开户银行交给持（出）票人的回单

图3-25 中国建设银行进账单（回单）

以上原始凭证表明，______________公司支付给_________________公司广告费，金额为______________元，款已以______________支付。

实训三

【实训目的】填制原始凭证。

【资　　料】以下各经济业务及空白原始凭证。

【要　　求】根据经济业务填制原始凭证（时间均按当天的日期填写）。

1. 出纳员王茜玲收到曹卫新交来的差旅费余款300元。请代替出纳员开具收款收据（见图3-26）。

收　款　收　据

年 月 日　　NO 003265

此据不作发票及报销凭证使用

今收到____________ 交来____________

____

____

金 额（大写）____________ ¥______

单位盖章：　　收款人：

第一联：存根

主管：　会计：　复核：　制单：

图3-26 收款收据

2. 假如你因公到上海出差，需要预借差旅费 3 000 元，请填写借款单（见图 3-27）。

借 款 单

年 月 日

借款用途			
借款金额（大写）	¥		
借款申请人		部门负责人	
备 注		收款人（签名）	

总经理： 财务负责人： 出纳：

图3-27 借款单

3. 桂林市粤华贸易有限公司（纳税人识别号：4503223165662254；地址：桂林市桂海路 653 号；电话：0773-6354665；开户行：建行桂林桂海支行；账号：450316048513676556）销售给南华市新欣家具有限公司（纳税人识别号：4501223165626361；地址：南华市五一路 866 号；电话：0771-72133652；开户行：建行南华五一支行；账号：450116048513668562）36mm×3mm 的钢管 10 吨，每吨单价 5 000 元，价款合计 50 000 元，增值税税率 17%，税额合计 8 500 元，价税合计 58 500 元。

（1）请代替桂林市粤华贸易有限公司填制产品出库单（见图 3-28）。

（2）请代替桂林市粤华贸易有限公司开票员开具增值税专用发票（见图 3-29）。

（3）请代替南华市新欣家具有限公司出纳员填制电汇凭证（见图 3-30）。

（4）请代替南华市新欣家具有限公司填制材料入库单（见图 3-31）。

产 品 出 库 单 No 0063215

购货单位： 开单日期 年 月 日

产品名称	型号规格	计量单位	计划数	实发数	单 价	金 额	单位成本	总成本
合计								
合计（大写）								

第三联：财务记账

会计： 保管： 提货： 制单：

图3-28 产品出库单

南华市增值税专用发票

南华市 存根联 （国家税务总局监制）

55885101626　　　　NO：2635418

开票日期　　年　月　日

购货单位	名　　称： 纳税人识别号： 地 址、电 话： 开户行及账号：		密码区	03**263>>0821927-8303 -5215895---669*>7873/ 37315/6*2-+505/32+78 +48-4*1850164907>>>/	加密版本：01 4300062620 03948082

货物或应税劳务名称	规格型号	单位	数量	单价	金额	税率	税额
合　计							
价税合计（大写）						小写：¥	

销货单位	名　　称： 纳税人识别号： 地 址、电 话： 开户行及账号：		备注	

第一联：销货方留存

收款人：　　复核：　　开票人：　　销货单位：（章）

图3-29　增值税专用发票

中国建设银行 电汇凭证（回　单）　　1

☐普通　☐加急　　委托日期　　年　月　日

汇款人	全　称		收款人	全　称	
	账　号			账　号	
	汇出地点	省　　市/县		汇入地点	省　　市/县
汇出行名称			汇入行名称		
金额	人民币（大写）		亿 千 百 十 万 千 百 十 元 角 分		
			支付密码		
			附加信息及用途：		
汇出行签章			复核	记账 兰昔朋	

此联是汇出行给汇款人的回单

图3-30　中国建设银行电汇凭证（回单）

材　料　入　库　单

供货单位：　　年　月　日　　金额单位：元

品名	型号规格	产地	计量单位	单价	应收数 件数	应收数 数量	应收数 金额	实收数 件数	实收数 数量	实收数 金额	盈亏数（＋ －） 件数	盈亏数（＋ －） 数量	盈亏数（＋ －） 金额
合　计													
备　注													

第三联：财务记账

复核：　　会计：　　验收：　　制单：

图3-31　材料入库单

项目四

掌握借贷记账法

【项目目标】

1. 了解会计科目及其种类。
2. 理解总分类科目和明细分类科目的关系。
3. 理解在借贷记账法下，账户的基本结构。
4. 掌握复式记账的记账方法。
5. 能根据常见经济业务编制会计分录。
6. 掌握试算平衡的方法。

一、填空题

1. 企业会计科目按其反映的经济内容不同，分为__________、__________、__________、__________和__________五大类。

2. 会计科目按提供信息的详细程度及其统驭关系，可以分为__________和__________。

3. 总分类科目和明细分类科目的关系是：总分类科目对其所属的明细分类科目具有________和________的作用，而明细分类科目是对其所归属的总分类科目的________和________。

4. 会计科目和账户的主要区别是：会计科目说明反映的__________是什么，而账户反映该科目的__________及__________情况。

5. 复式记账法以会计等式资产与权益平衡关系为记账基础，对于每一项经济业务，都要在__________或__________相互联系的账户中进行登记，全面反映每一项经济业务所引起的会计要素的__________及其__________的一种方法。

6. 借贷记账法是以__________、__________为记账符号，以__________为理论依据，记录和反映资金变动情况和结果的一种复式记账方法。

7. 资产类账户的借方登记资产的__________，贷方登记资产的__________，余额在__________。

8. 负债及所有者权益类账户的借方登记负债或所有者权益的__________，贷方登记负债或所有者权益的__________，余额在__________。

9. 成本类账户的借方登记成本的__________，贷方登记成本的__________，期末若有余额，应该在__________。

10. 收入类账户的借方登记收入的__________和__________，贷方登记收入的__________，期末结转后无余额。

11. 费用类账户的借方登记费用的__________，贷方登记费用的__________和__________，期末结转后无余额。

二、单项选择题

1. 以下会计科目中，属于负债类的是（　　）。

A. 累计折旧　　B. 预付账款　　C. 预收账款　　D. 资本公积

2. 以下会计科目中，不属于损益类的是（　　）。

A. 长期待摊费用　　B. 营业税金及附加　　C. 所得税费用　　D. 营业外支出

三、多项选择题

1. 以下会计科目中，属于资产类的是（　　）。

A. 库存商品　　B. 预付账款　　C. 预收账款　　D. 实收资本

2. 以下会计科目中，属于损益类的是（　　）。

A. 其他业务收入　　B. 管理费用　　C. 财务费用　　D. 营业外收入

3. 账户记录中，期初余额、本期增加额、本期减少额、期末余额四项指标之间的关系式恒等的有（　　）。

A. 期末余额＝期初余额＋本期增加额－本期减少额

B. 本期增加额＝期末余额＋本期减少额－期初余额

C. 期初余额＋本期增加额＝期末余额＋本期减少额

D. 本期减少额＝期初余额＋本期增加额－期末余额

四、实训操作

实训一

【实训目的】理解总账与明细账之间的数量关系。

【资　　料】某企业 2013 年 8 月 31 日有关资料如表 4-1 所示。

【要　　求】根据总账与明细账之间的数量关系计算填列表中的相关金额。

表4-1 某企业2013年8月31日原材料和库存商品期末余额情况表

总分类科目		明细分类科目			
一级科目		二级明细科目		三级明细科目	
科目名称	金额（元）	科目名称	金额（元）	材料名称	金额（元）
原材料	200 000.00	原材料及主要材料	160 000.00	甲材料	90 000.00
				乙材料	
		燃料		汽油	
				煤炭	26 000.00
		辅助材料	10 000.00	润滑油	3 000.00
				油漆	
合计	200 000.00	—		—	
库存商品	600 000.00	彩色电视机		乐佳42英寸	
				乐佳32英寸	80 000.00
				乐佳19英寸	60 000.00
		电冰箱	180 000.00	海华BCD－225三门	130 000.00
				海华BCD－186双门	
		空调	160 000.00	奥克1.5匹	
				奥克1匹	70 000.00
合计	600 000.00	—		—	

实训二

【实训目的】掌握账户的对应关系和会计分录。

【资　　料】某企业 2013 年 8 月发生的经济业务如下：

1. 收到南华市东风有限公司投资车间厂房一栋，价值 500 000 元。
2. 从银行借入短期借款 400 000 元，款已存入银行存款账户。
3. 以银行存款预付南华市建新材料厂材料款 300 000 元。
4. 收到桂林市商贸有限公司归还的前欠货款 200 000 元，款已存入银行。
5. 以银行存款归还短期借款 150 000 元。
6. 从银行提取现金 3 000 元。
7. 以现金支付职工预借差旅费 2 000 元。

8. 以银行存款支付原欠上海市金贸有限公司材料款 120 000 元。

【要　　求】根据以上经济业务编制会计分录（见表 4-2）。

表4-2　会计分录表

1.	5.
2.	6.
3.	7.
4.	8.

实训三

【实训目的】掌握账户的结构和试算平衡。

【资　　料】某企业 2013 年 8 月有关账户的期初余额如表 4-3 所示。

【要　　求】

（1）根据实训二所做的会计分录计算填列表中的本期发生额。

（2）计算填列各账户的期末余额。

（3）计算填列本期发生额、期末余额各栏的合计数。

表4-3　某企业2013年8月有关账户的期初余额表

金额单位：元

会计科目	期初余额		本期发生额		期末余额	
	借方	贷方	借方	贷方	借方	贷方
库存现金	200.00					
银行存款	161 800.00					
应收账款	400 000.00					
预付账款	130 000.00					
其他应收款	8 000.00					
固定资产	1 300 000.00					
短期借款		300 000.00				
应付账款		200 000.00				
实收资本		1 500 000.00				
合　计	2 000 000.00	2 000 000.00				

实训四

【实训目的】掌握账户余额与发生额的关系。

【资　　料】如表 4-4 和表 4-5 所示。

【要　　求】根据期末余额的计算方法，计算填列各账户的期末余额，并注明余额的借贷方向。

表4-4　银行存款账户期末余额计算表

账户名称：银行存款　　　　　　　　　　　　　　　　　　　　　　　金额单位：元

2013年		摘　要	借　方	贷　方	余　额	
月	日				借或贷	金额
8	1	期初余额			借	200 000.00
8	3	预付材料款		80 000.00		
8	6	提取现金		5 000.00		
8	10	收取货款	150 000.00			
8	11	归还短期借款		200 000.00		
8	16	购买材料		50 000.00		
8	18	借入短期借款	200 000.00			
8	22	支付材料运费		5 000.00		
8	26	购买材料		130 000.00		
8	29	收到货款	60 000.00			
8	29	购买办公用品		20 000.00		

表4-5　短期借款账户期末余额计算表

账户名称：短期借款　　　　　　　　　　　　　　　　　　　　　　　金额单位：元

2013年		摘要	借　方	贷　方	余　额	
月	日				借或贷	金　额
8	1	期初余额			贷	600 000.00
8	6	借入		100 000.00		
8	13	还款	200 000.00			
8	14	还款	300 000.00			
8	18	借入		150 000.00		
8	19	借入		100 000.00		
8	22	还款	250 000.00			
8	23	借入		300 000.00		
8	26	借入		120 000.00		
8	27	还款	350 000.00			
8	29	借入		160 000.00		

实训五

【实训目的】熟练运用账户期末余额的计算公式及试算平衡。

【资　　料】如表4-6所示。

【要　求】

（1）根据期末余额的计算公式，计算填列表中的空格。

（2）分别计算各栏的合计数，并试算平衡。

表4–6　账户发生额及余额试算平衡表

金额单位：元

会计科目	期初余额		本期发生额		期末余额	
	借　方	贷　方	借　方	贷　方	借　方	贷　方
库存现金	1 200.00	—	16 000.00	17 000.00		—
银行存款	222 800.00	—		500 000.00	122 800.00	—
应收账款	300 000.00	—	100 000.00		400 000.00	—
其他应收款		—	0.00	4 000.00	2 000.00	—
原材料	600 000.00	—		1 500 000.00	400 000.00	—
库存商品		—	1 300 000.00	1 520 000.00	280 000.00	—
固定资产	1 700 000.00	—	200 000.00	0.00		—
累计折旧	—	400 000.00	0.00			412 000.00
短期借款	—		500 000.00	0.00		300 000.00
应付账款	—	200 000.00		160 000.00	—	360 000.00
预收账款	—	210 000.00	130 000.00	100 000.00	—	
实收资本	—		0.00	200 000.00	—	1 200 000.00
资本公积	—	200 000.00	0.00		—	200 000.00
盈余公积	—	300 000.00	200 000.00	0.00	—	
利润分配	—		0.00	133 000.00	—	353 000.00
合　计						

项目五

借贷记账法的运用

【项目目标】

1. 能说出常见经济业务设置的会计账户。

2. 能根据常见的原始凭证说出经济业务内容。

3. 会根据常见的原始凭证编制会计分录。

一、填空题

1. 企业的资金来源主要有两条渠道，一是__________，二是__________。

2. 企业借款主要是指企业从__________或其他__________取得的各种借款。按偿还期的长短不同，借款可分为__________和__________。

3. 从银行借入长期借款，应根据实际金额借记__________，贷记__________。

4. 固定资产按使用情况分为__________固定资产、__________固定资产和__________固定资产三类。

5. 企业以银行存款购入不需要安装的固定资产，按应计入固定资产成本的金额，借记__________，按准予抵扣的进项税额借记__________，按实际支付的金额贷记__________等。

6. “在途物资”账户用于核算企业已采购完成__________材料的采购成本。借方登记在途物资__________的采购成本，贷方登记在途物资__________的采购成本。

7. 企业发生的费用按经济用途不同，分为__________和__________。

8. 生产成本账户用于核算企业在产品生产过程中发生的应计入产品成本的__________，包括__________、__________和__________等。

9. “库存商品”账户是资产类账户，用于核算企业库存商品的增减变动情况。借方登记库存商品的__________，贷方登记库存商品的__________，月末借方余额反映库存商品的__________。

10. 利润是企业在一定会计期间的__________，是__________与__________相抵后的差额。

二、单项选择题

1. 下列原始凭证中，不属于产品在销售过程中产生或取得的原始凭证是（　　）。

A. 增值税专用发票“销售方记账”联　B. 收取货款的凭证

C. 产品入库单　D. 产品出库单

2. 下列项目中，不属于期间费用的是（　　）。

A. 销售费用　B. 管理费用　C. 财务费用　D. 营业外支出

3. 净利润是利润总额扣除（　　）后的余额。

A. 营业税金及附加　B. 其他业务成本　C. 营业外支出　D. 所得税费用

4. 企业按规定提取的法定盈余公积金、任意盈余公积金，应按实际提取的金额借记（　　），贷记盈余公积。

A. 营业税金及附加　B. 利润分配　C. 本年利润　D. 所得税费用

三、多项选择题

1. 固定资产按其经济用途分为（　　）。

A. 自有固定资产　B. 租入固定资产　C. 生产经营用　D. 非生产经营用

2. 应交的营业税费包括（　　）。

A. 营业税　B. 城市维护建设税　C. 教育费附加　D. 堤围防护费

3. 以下项目中，属于营业收入的是（　　）。

A. 主营业务收入　B. 其他业务收入　C. 投资收益　D. 营业外收入

四、实训操作

实训一

【实训目的】掌握筹资业务的账务处理。

【资　　料】某企业 2013 年 8 月发生以下经济业务。

【要　　求】根据经济业务编制会计分录。

1. 8 月 3 日，收到国家投资 100 万元，款已存入银行。

2. 8 月 6 日，收到南华市建兴贸易有限公司投资投入 200 万元，款已存入银行。

3. 8 月 10 日，从银行借入短期借款 30 万元，已存入银行存款账户。

4. 8 月 13 日，从银行借入三年期借款 50 万元，已存入银行存款账户。

5. 8 月 22 日，以银行存款支付短期借款利息 2 万元。

6. 8 月 26 日，以银行存款归还短期借款 20 万元。

实训二

【实训目的】掌握固定资产购置和材料采购业务的账务处理。

【资　　料】某企业2013年8月发生以下经济业务。

【要　　求】根据经济业务编制会计分录。

1. 8月3日，购入生产设备一台，增值税专用发票列明价款金额100 000元，税额17 000元，价税合计117 000元。设备已验收并交付使用，货款已以银行存款支付。

2. 8月6日，从上海东方贸易有限公司购入甲材料20吨，增值税专用发票列明单价3 000元，价款金额60 000元，税额10 200元，价税合计70 200元。材料已如数验收入库，货款已以银行存款支付。

3. 8月10日，按合同规定预付杭州南方贸易有限公司乙材料货款60 000元。

4. 8月12日，从杭州永乐贸易有限公司购入丙材料30吨，增值税专用发票列明单价4 000元，价款金额120 000元，税额20 400元，价税合计140 400元。材料已如数验收入库，货款未付（合同规定于9月30日前付款）。

5. 8月16日，收到杭州南方贸易有限公司发来乙材料20吨，增值税专用发票列明单价2 500元，价款金额50 000元，税额8 500元，价税合计58 500元。材料已如数验收入库，货款从预付款中扣除。

6. 8月18日，收到杭州南方贸易有限公司退回乙材料余款1 500元，款已存入银行。

7. 8月18日，从上海新华贸易公司购入丙材料20吨，增值税专用发票列明单价4 000元，价款金额80 000元，税额13 600元，价税合计93 600元。货款已以银行存款支付，材料未到。

8. 8月18日，从天津商贸有限公司购入乙材料80吨，增值税专用发票列明单价2 500元，价款金额200 000元，税额34 000元，价税合计234 000元。材料已如数验收入库，货款从上月预付的材料款中扣除。

9. 8月23日，8月18日从上海新华贸易公司购入的丙材料20吨已运到，已如数验收入库。

10. 8月26日，以银行存款偿还上月欠重庆东方贸易公司的材料款120 000元。

实训三

【实训目的】掌握生产领用材料业务的账务处理。

【资　　料】某公司2013年8月领用材料情况如图5-1～图5-4所示。

【要　　求】根据经济业务编制会计分录。

领 料 单

领料部门 生产车间

生产单号　　　　　　　　2013 年 8 月 1 日　　　　　　No 2004536

制品名称 A产品　　　　制品数量　　　　　　　　制品用途

编号	品名	规格	计量单位	单价（元）	请领数量	实发数量	金额（元）
	甲材料		吨	3 000.00	30	30	90 000.00
	乙材料		吨	2 500.00	60	60	150 000.00
附件	张			合		计	240 000.00

第三联：财务记账

主管：文雪　会计：　发料：董春　领料：张家华　制单：阮丽婷

图5-1　领料单

领 料 单

领料部门 生产车间

生产单号　　　　　　　　2013 年 8 月 1 日　　　　　　No 2004537

制品名称 B产品　　　　制品数量　　　　　　　　制品用途

编号	品名	规格	计量单位	单价（元）	请领数量	实发数量	金额（元）
	乙材料		吨	2 500.00	40	40	100 000.00
	丙材料		吨	4 000.00	20	20	80 000.00
附件	张			合		计	180 000.00

第三联：财务记账

主管：党建新　会计：　发料：董春　领料：姜雯　制单：杨柳平

图5-2　领料单

领 料 单

领料部门 生产车间

生产单号　　　　　　　　2013 年 8 月 1 日　　　　　　No 2004538

制品名称 一般耗用　　　　制品数量　　　　　　　　制品用途

编号	品名	规格	计量单位	单价（元）	请领数量	实发数量	金额（元）
	甲材料		吨	3 000.00	4	4	12 000.00
	丙材料		吨	4 000.00	2	2	8 000.00
附件	张			合		计	20 000.00

第三联：财务记账

主管：薛丽莉　会计：　发料：董春　领料：华晓刚　制单：应国伟

图5-3　领料单

领　料　单

领料部门　后勤部　　　　　　　　　　　　　　No 2004539

生产单号　　　　　　2013 年 8 月 1 日

制品名称　办公设备维修　　制品数量　　　　制品用途

编号	品名	规格	计量单位	单价（元）	请领数量	实发数量	金额（元）
	乙材料		吨	2 500.00	2	2	5 000.00
附件　张					合　计		5 000.00

第三联：财务记账

主管：利家鸿　　会计：　　发料：董春　　领料：许利宏　　制单：钱江

图5-4　领料单

实训四

【实训目的】掌握工资发放业务的账务处理。

【资　　料】某公司 2013 年 8 月职工工资发放表如表 5-1 所示，工资已以银行存款支付。

【要　　求】根据经济业务编制会计分录。

表5-1　2013年8月职工工资发放表

金额单位：元

姓　名	基本工资	津补贴	奖　金	应发工资
尹向东	1 800.00	600.00	200.00	2 600.00
姚静梅	1 600.00	500.00	220.00	2 320.00
易国英	2 200.00	650.00	230.00	3 080.00
姜跃华	2 400.00	700.00	260.00	3 360.00
…	…	…	…	…
…	…	…	…	…
合　计	136 000.00	26 000.00	25 000.00	187 000.00

实训五

【实训目的】掌握工资分配业务的账务处理。

【资　　料】某公司 2013 年 8 月职工工资分配汇总表如表 5-2 所示。

【要　　求】

（1）计算填列表中相关项目的合计金额，并与表 5-1 核对相符。

（2）编制工资分配的会计分录。

表5-2　2013年8月职工工资分配汇总表

编制日期：2013年8月31日　　　　金额单位：元

项　目	基本工资	岗位津贴	奖　　金	合　计
A产品生产工人	39 980.00	6 860.00	8 200.00	
B产品生产工人	26 520.00	4 740.00	5 400.00	
车间管理人员	9 600.00	2 100.00	1 800.00	
销售人员	13 200.00	2 900.00	2 800.00	
行政管理人员	46 700.00	9 400.00	6 800.00	
合　计				

实训六

【实训目的】掌握预提电费业务的账务处理。

【资　　料】某公司 2013 年 8 月预提本月电费 7 200 元，具体用电情况如表 5-3 所示。

【要　　求】

（1）计算填列表中相关项目的金额和合计金额。

（2）编制电费分配的会计分录。

表5-3　电费分配表

编制日期：2013年8月31日　　　　金额单位：元

部门或项目	计量单位	数量	单价	金　额
A产品生产耗用	度	7 200	0.50	
B产品生产耗用	度	4 800	0.50	
车间一般耗用	度	800	0.50	
管理部门耗用	度	1 600	0.50	
合　计		14 400		

实训七

【实训目的】掌握计提固定资产折旧业务的账务处理。

【资　　料】某公司 2013 年 8 月计提固定资产折旧计算表如表 5-4 所示。

【要　　求】

（1）计算填列表中相关项目的折旧金额。

（2）编制计提折旧的会计分录。

表5–4　固定资产折旧计算表

编制日期：2013年8月31日　　　　金额单位：元

使用部门	固定资产类别	原始价值	月综合折旧率	折旧金额
生产车间	厂房	1 800 000	0.45%	
	设备	2 600 000	1.25%	
	小计	4 400 000		
管理部门	房屋及建筑物	1 600 000	0.45%	
	运输工具	800 000	1.25%	
	交通工具	200 000	1.00%	
	小计	2 600 000		
合　计		7 000 000		

实训八

【实训目的】掌握制造费用分配的账务处理。

【资　　料】假如某公司2013年8月共发生制造费用56 000元，A产品生产的机器工时为3 000，B产品生产的机器工时为2 000。

【要　　求】

（1）按产品的机器工时比例计算填列表5-5所示的制造费用分配表。

（2）编制制造费用分配的会计分录。

表5–5　制造费用分配表

编制日期：2013年8月31日　　　　金额单位：元

项　目	定额工时	分配率	分配金额
A产品	3 000		
B产品	2 000		
合　计	5 000		56 000.00

实训九

【实训目的】掌握产品成本的计算方法

【资　　料】某公司2013年8月的产量及生产成本的相关资料如表5-6、表5-7、表5-8所示。

表5-6　8月份产品产量情况表

编制日期：2013年8月31日

产品名称	计量单位	月初在产品	本月投产	本月完工	月末在产品
A产品	吨	150	250	400	0
B产品	吨	50	300	350	0

表5-7　8月份期初在产品成本

金额单位：元

产品名称	直接材料	直接人工	制造费用	合　计
A产品	138 000.00	20 270.00	16 900.00	175 170.00
B产品	40 500.00	6 120.00	4 900.00	51 520.00
合　计	178 500.00	26 390.00	21 800.00	226 690.00

表5-8　8月份产品生产成本

金额单位：元

产品名称	直接材料	直接人工	制造费用	合　计
A产品	399 600.00	55 458.00	51 222.00	506 280.00
B产品	414 500.00	62 480.00	49 000.00	525 980.00
合　计	814 100.00	117 938.00	100 222.00	1 032 260.00

【要　求】计算填列表5-9、表5-10产品成本计算表。

表5-9　产品成本计算表（简）

产品名称：A产品　　2013年8月31日　　金额单位：元

项　目	直接材料	直接人工	制造费用	合　计
期初在产品成本				
本期生产成本				
生产成本合计				
本期完工产品产量				
单位成本				

表5-10　产品成本计算表（简）

产品名称：B产品　　2013年8月31日　　金额单位：元

项　目	直接材料	直接人工	制造费用	合　计
期初在产品成本				
本期生产成本				
生产成本合计				
本期完工产品产量				
单位成本				

实训十

【实训目的】掌握结转完工产品成本的账务处理。

【资　　料】编制完成表5-9、表5-10。

【要　　求】

（1）计算填列表5-11完工产品成本汇总表。

（2）编制结转完工产品成本的会计分录。

表5-11　完工产品成本汇总表

编制日期：2013年8月31日　　　　金额单位：元

品　名	型号规格	计量单位	数　量	单位成本	总成本	备　注
A产品		吨				
B产品		吨				
合　计						

实训十一

【实训目的】掌握产品销售业务的账务处理。

【资　　料】某公司2013年8月发生以下经济业务。

【要　　求】根据经济业务编制会计分录。

1. 8月5日，销售产品20吨，增值税专用发票列明单价5 000元，价款金额100 000元，税额17 000元，价税合计117 000元。货已发出，货款已存入银行。产品出库单列明单位成本3 000元，总成本为60 000元。

2. 8月6日，收到梧州市桂源有限公司预付货款240 000元，存入银行。

3. 8月12日，销售玉林市玉州贸易有限公司产品80吨，增值税专用发票列明单价5 000元，价款金额400 000元，税额68 000元，价税合计468 000元。货已发出，货款未收，合同约定9月30日前付款。产品出库单列明单位成本3 000元，总成本为240 000元。

4. 8月13日，销售给梧州市桂源有限公司产品40吨，增值税专用发票列明单价5 000元，价款金额200 000元，税额34 000元，价税合计234 000元。货已发出，货款从8月6日预收款中扣除。产品出库单列明单位成本3 000元，总成本为20 000元。

5. 8月14日，以银行存款退回梧州市桂源有限公司余款6 000元。

6. 8月20日，收到北海市海泉有限公司偿还前欠货款80 000元，存入银行。

实训十二

【实训目的】掌握费用及其他收支业务的账务处理。

【资　　料】某公司2013年8月发生以下经济业务。

【要　　求】根据经济业务编制会计分录。

1. 8月3日，从银行提取现金5 000元。

2. 8月3日，业务员宋嘉丽预借差旅费3 000元，以现金支付。

3. 8月3日，以现金支付业务招待费800元。

4. 8月8日，以银行存款支付广告费30 000元。

5. 8月14日，以现金支付办公用品1 200元。

6. 8月18日，业务员宋嘉丽报销差旅费3 200元，原预借3 000元、以现金补付200元。

7. 8月22日，以银行存款支付短期借款利息30 000元。

8. 8月23日，销售不适用的某材料10吨，增值税专用发票列明单价2 000元，价款金额20 000元，税额3 400元，价税合计23 400元。货已发出，货款已收到，存入银行。该批材料成本为16 000元。

9. 8月26日，以银行存款支付违约赔偿金6 000元。

10. 8月28日，以银行存款捐赠某灾区救灾款10 000元。

11. 8月28日，收到某物流公司违约赔偿金20 000元，款已存入银行。

12. 8月29日，以银行存款支付上月应交税费80 000元。

实训十三

【实训目的】掌握利润形成业务的账务处理。

【资　　料】假如某公司结转前的损益类账户合计发生额如表5-12所示。

【要　　求】

（1）编制结转损益类账户的会计分录。

（2）列式计算本月利润总额，并计算填列表5-13所示的应交所得税计算表。

（3）编制计提应交所得税和结转所得税费用的会计分录。

（4）列式计算本月净利润。

表5-12　结转前损益类账户余额表

编制日期：2013年8月31日　　　　金额单位：元

会计科目	贷方余额	会计科目	借方余额
主营业务收入	1 600 000.00	主营业务成本	960 000.00
其他业务收入	90 000.00	营业税金及附加	35 000.00
营业外收入	60 000.00	其他业务成本	40 000.00

续表

会计科目	贷方余额	会计科目	借方余额
		销售费用	160 000.00
		管理费用	180 000.00
		财务费用	125 000.00
		营业外支出	150 000.00
合　计	1 750 000.00	合　计	1 650 000.00

表5-13　应交所得税计算表

编制日期：2013年8月31日　　　　金额单位：元

利润总额	纳税调整金额（+、-）	应纳税所得额	税率	应纳所得税额	备　注
	0.00		25%		

实训十四

【实训目的】掌握利润分配、结转净利润和利润分配的账务处理。

【资　　料】假如某公司 2013 年度实现净利润 100 万元，法定盈余公积为 10%，根据公司章程及股东大会的决定，从公司盈余中提取 5% 的任意盈余公积。按净利润的 60% 向投资者分配利润。

【要　　求】

（1）计算填列表 5-14 所示的利润分配计算表。

（2）编制利润分配的会计分录。

（3）编制结转净利润的会计分录。

（4）编制结转利润分配的会计分录。

表5-14　利润分配计算表

编制日期：2013年8月31日　　　　金额单位：元

项　目	净利润	提取比例	金　额
法定盈余公积		10%	
任意盈余公积		5%	
应付股利		60%	
合　计			

项目六

编制记账凭证

【项目目标】

1. 能说出记账凭证的作用。
2. 能说出记账凭证的分类方法。
3. 能根据常见的原始凭证编制记账凭证。

一、填空题

1. 记账凭证又称记账凭单或分录凭单，是__________根据审核无误的__________编制的、载有__________并作为__________的书面文件。

2. 收款凭证是用来记录__________和__________等货币资金收款业务的凭证，它是根据现金和银行存款收款业务的__________填制的。

3. 付款凭证是用来记录__________和__________等货币资金付款业务的凭证，它是根据现金和银行存款付款业务的__________填制的。

4. 转账凭证是用来记录与__________、__________等货币资金收付款业务无关的__________的凭证。

5. 通用记账凭证是指适合于所有经济业务的记账凭证，即各类经济业务共同使用的同一格式的记账凭证，不分__________、__________和__________。

6. 记账凭证日期应以__________的日期为准，但记账凭证的__________与__________应该协调一致。对于次月才处理的当月经济业务或期末会计业务的记账凭证，其日期应该填写__________的日期。

7. 审核记账凭证内容的真实性主要是审核记账凭证是否以原始凭证为依据，所附原始凭证的__________、__________与记账凭证的__________、__________是否一致。

8. 审核记账凭证的正确性主要是审核记账凭证中使用的__________是否正确，__________之间的对应关系是否清楚，__________与__________的计算是否准确无误，两者的合计是否相等，__________的金额与其所属__________的金额之和是否相等。

二、单项选择题

1. 只涉及现金和银行存款之间收入或付出的经济业务，只填制（　　），以免重复。

A. 收款凭证　　B. 付款凭证　　C. 转账凭证　　D. 会计凭证

2. 记账凭证一律由（　　）填制。

A. 业务员　　B. 保管员　　C. 经济业务经办人员　D. 会计人员

3. 原始凭证一般由（　　）填制或取得。

A. 业务员　　B. 保管员　　C. 经济业务经办人员　D. 会计人员

三、多项选择题

1. 记账凭证按其适用的经济业务不同分类，分为（　　）。

A. 专用记账凭证　　B. 通用记账凭证　　C. 收款凭证　　D. 付款凭证

2. 专用记账凭证是用来专门记录某一类经济业务的记账凭证，分为（　　）。

A. 会计凭证　　B. 收款凭证　　C. 付款凭证　　D. 转账凭证

3. 根据记账凭证和原始凭证的联系与区别，以下表述正确的有（　　）。

A. 记账凭证和原始凭证都属于会计凭证

B. 原始凭证是填制记账凭证的依据

C. 记账凭证是记录和证明经济业务发生和完成的情况

D. 记账凭证是登记会计账簿的依据

四、实训操作

【实训目的】掌握记账凭证的编制方法。

【资　　料】假如某公司统一采用通用记账凭证，并分为收字、付字和转字三类分别编号。该公司 2013 年 8 月发生以下收款业务。

【要　　求】根据经济业务编制记账凭证。

1. 生产领用材料。经济业务内容如图 6-1 所示；记账凭证如图 6-2 所示。

领　料　单

领料部门 生产车间　　2013 年 8 月 1 日　　No 2004537

生产单号

制品名称 课椅　　制品数量　　制品用途

南华市安居家具有限公司 业务专用章

品名	规格	计量单位	单价	请领数量	实发数量	金额
合板	1200mm×786mm	张	50.00	1 800	1 800	90 000.00
管	2.2mm×28mm	吨	5 200.00	50	50	260 000.00
助材料		元		1 200	1 200	1 200.00
件　张				合计		351 200.00

第三联：财务记账

南华市安居家具有限公司 财务结算章 2013.08.01

管：党建新　　会计：　　发料：董春　　领料：姜雯　　制单：杨柳平

图6-1　领料单

记　账　凭　证

年　月　日　　　字　号

摘　要	总账科目	明细科目	借方金额										√	贷方金额										√
			千	百	十	万	千	百	十	元	角	分		千	百	十	万	千	百	十	元	角	分	
合　计																								

附件　张

会计主管：　　记账：　　复核：　　制单：

图6-2　记账凭证

2. 接受投资者投资。经济业务内容如图6-3和图6-4所示；记账凭证如图6-5所示。

中国建设银行　**进账单**　（收账通知）　　3

2013年　8　月　3　日

出票人	全　称	南华市玉中家具有限公司	收款人	全　称	南华市安居家具有限公司
	账　号	450016048513666123		账　号	450016048513663646
	开户银行	建行南华江北支行		开户银行	建行南华锦华支行
金额	人民币（大写）	贰拾万元整		亿千百十万千百十元角分	¥20000000
票据种类		转账支票	票据张数		
票据号码		63266			
	复核		记账		收款人开户银行签章

开户银行交给收款人的收账通知

（印章：中国建设银行股份有限公司 南华市锦华支行 2013.08.03 办讫章 (6)）

图6-3　中国建设银行进账单（收账通知）

收　款　收　据

2013 年 8 月 3 日　　　　N0:003163

此据不作发票及报销凭证使用

今收到　南华市玉中家具有限公司　交来　投资款

金 额（大[illegible]）　贰拾万元整　　　　¥ 200 000.00

（印章：转账）

单位盖章：（印章：南华市安居家具有限公司 财务专用章）　　收款人：

第二联：财务记账

主管：　　会计：　　复核：凌丽娜　　制单：张秀红

图6-4　收款收据

记 账 凭 证

年 月 日　　　　　　　　　　　　字＿＿＿＿号

摘要	总账科目	明细科目	借方金额										√	贷方金额										√
			千	百	十	万	千	百	十	元	角	分		千	百	十	万	千	百	十	元	角	分	
合计																								

附件　　张

会计主管：　　　　记账：　　　　复核：　　　　制单：

图6-5　记账凭证

3. 从银行借入短期借款。经济业务内容如图 6-6 所示；记账凭证如图 6-7 所示。

质押　　　　　　　　　　　　　　　　　　　　　　　　　700255026

中国建设银行　贷款借据　（回单）　③

单位编号：　　　　　日期：　2013年8月7日　　　　　　银行编号:4569831

收款单位	名　　称	南华市安居家具有限公司		借款单位	名　　称	南华市锦华家具有限公司
	往来户账号	450016048513663646			放款户账号	450016048513663646-1
	开户银行	建行南华锦华支行			开户银行	建行南华锦华支行
贷款种类	周转借款	利率	5.4%	起息日期	2013.08.07	还款日期 2013.11.06
申请借款金额（大写）	人民币叁拾万元整					千百十万千百十元角分 ¥ 3 0 0 0 0 0 0 0
实际核定贷款金额（大写）	人民币叁拾万元整					千百十万千百十元角分 ¥ 3 0 0 0 0 0 0 0
备注			期限	计划还款日期		计划还款金额
			上述借款业务已同意贷给并转入你单位往来户账户，借款到期时按期归还　此致 借款单位 （银行盖章）　年　月　日			

中国建设银行股份有限公司
南华市锦华支行
2013.08.07
办讫章
（6）

此联系核定放款回单代借款单位收款通知

图6-6　中国建设银行贷款借据（回单）

记账凭证

年　月　日　　　　　　　　　字　　号

摘要	总账科目	明细科目	借方金额 千	百	十	万	千	百	十	元	角	分	√	贷方金额 千	百	十	万	千	百	十	元	角	分	√
	合计																							

附件　张

会计主管：　　记账：　　复核：　　制单：

图6-7　记账凭证

4. 购进固定资产。经济业务内容如图 6-8 ～图 6-11 所示；记账凭证如图 6-12 所示。

固定资产验收单

供货单位　青岛凯粤机械制造有限公司　　2013年8月12日　　第　　号

编号	名称	规格	计量单位	应收数量	实收数量	单价	金额 十	万	千	百	十	元	角	分	使用单位
	精密推台锯	MJ3000 45°	套	1	1	70 000.00		7	0	0	0	0	0	0	备料车间
合计金额（大写）	柒万元整						¥	7	0	0	0	0	0	0	
备注	已交付车间使用														

第二联 财务记账

会计：凌莉娜　　保管：　　验收：成小艳　　制表：江涛

南华市安居家具有限公司
业务专用章

南华市安居家具有限公司
财务结算章
2013.08.12

图6-8　固定资产验收单

山东省增值税专用发票

全国统一发票监制章
山东省
国家税务总局监制

4[illegible]883103346　　　　　　　　NO：2734656

青岛凯粤机械制造有限公司
6302223165611334
发票专用章

发票联　　　　开票日期2013年8月12日

购货单位	名称：南华市安居家具有限公司 纳税人识别号：4501223165603662 地址、电话：南华市锦华大道632号0771－39888366 开户行及账号：建行南华锦华支行 450016048513663646	密码区	03**263>>0821927-8303 -5215895---669*>7873/ 37315/6*2-+505/32+78 +48-4*1850164907>>>/	加密版本：01 4300062620 03948082

货物或应税劳务名称	规格型号	单位	数量	单价	金额	税率	税额
精密推台锯	MJ3000　45°	台	1	70 000.00	70 000.00	17%	11 900.00
合　　计					¥ 70 000.00		¥ 11 900.00
价税合计（大写）	人民币捌万壹仟玖佰元整					小写：¥ 81 900.00	

销货单位	名称：青岛凯粤机械制造有限公司 纳税人识别号：6302223165611334 地址、电话：青岛市五一路269号　0532-4695427 开户行及账号：工行青岛市五一支行63021604851366 2469	备注	

第二联：购货方记账凭证

青岛凯粤机械制造有限公司
财务结算章
2013.08.12

收款人：　　复核：闫永亮　　开票人：余晓平　　销货单位：（章）

图6-9　增值税专用发票

山东省增值税专用发票

45385103346 抵扣联 NO：2734656

开票日期2013年8月12日

购货单位		密码区	
名　　称	南华市安居家具有限公司	03**263>>0821927-8303	加密版本：01
纳税人识别号	450122316560 3662	-5215895---669*>7873/	
地址、电话	南华市锦华大道632号0771－39888366	37315/6*2-+505/32+78	4300062620
开户行及账号	建行南华锦华支行 450016048513663646	+48-4*1850164907>>>/	03948082

货物或应税劳务名称	规格型号	单位	数量	单价	金额	税率	税额
精密推台锯	MJ3000 45°	台	1	70 000.00	70 000.00	17%	11 900.00
合　　计					￥70 000.00		￥11 900.00
价税合计（大写）	人民币捌万壹仟玖佰元整					小写：￥81 900.00	

销货单位		备注
名　　称	青岛凯粤机械制造有限公司	
纳税人识别号	6302223165611334	
地址、电话	青岛市五一路269号　0532-4695427	
开户行及账号	工行青岛市五一支行630216048513662469	

收款人：　　复核：闫永亮　　开票人：佘晓平　　销货单位：（章）

第三联：购货方抵扣凭证

图6-10　增值税专用发票

中国建设银行 电汇凭证（回　单）　1

□普通　□加急　　委托日期　2013年8月12日

汇款人		收款人	
全　称	南华市安居家具有限公司	全　称	青岛凯粤机械制造有限公司
账　号	450016048513663646	账　号	630216048513662469
汇出地点	南华　省　　市/县	汇入地点	山东　省　青岛　市/县
汇出行名称	建行南华锦华支行	汇入行名称	工行青岛市五一支行

金额	人民币（大写）	捌万壹仟玖佰元整	亿	千	百	十	万	千	百	十	元	角	分
						￥	8	1	9	0	0	0	0

中国建设银行股份有限公司南华市锦华支行 2013.08.12 办讫章（6）

支付密码

附加信息及用途：支付MJ3000　45°　精密推台锯

汇出行签章　　复核　　记账　兰昔朋

此联汇出行给汇款人的回单

图6-11　中国建设银行电汇凭证（回单）

记　账　凭　证

年　月　日　　　　字　　号

摘　要	总账科目	明细科目	借方金额 千	百	十	万	千	百	十	元	角	分	√	贷方金额 千	百	十	万	千	百	十	元	角	分	√
合　计																								

附件　　张

会计主管：　　记账：　　复核：　　制单：

图6-12　记账凭证

5. 支付广告费。经济业务内容如图 6-13 ～图 6-15 所示；记账凭证如图 6-16 所示。

南华市广告业专用发票

发票代码：23500269
发票号码：1605796

客户名称：南华市安居家具有限公司　　2013年8月13日

项目	单位	数量	单价	超过拾万元无效	万	千	百	十	元	角	分
广告费						8	0	0	0	0	0
合计（大写）	捌仟元整				¥	8	0	0	0	0	0

第二联：发票联

开票单位：（盖章有效）　开票人：张晓宇　收款人：黄思龙

（印章：全国统一发票监制章 南华市地方税务局监制；南华日报社广告公司 发票专用章）

图6-13　广告业专用发票

中国建设银行转账支票存根

B C
2 0　32532635

附加信息

出票日期：2013 年 8 月13 日

收款人：南华日报社广告公司

金　额：8000.00

用　途：广告费

单位主管　　会计

图6-14　中国建设银行转账支票存根

中国建设银行　**进账单**　（回　单）　1

2013年　8　月 13　日

出票人	全　称	南华市安居家具有限公司	收款人	全　称	南华日报社广告公司
	账　号	450016048513663646		账　号	450016048513634362
	开户银行	建行南华锦华支行		开户银行	工行南华江北支行
金额	人民币（大写）	捌仟元整	亿 千 百 十 万 千 百 十 元 角 分		¥ 8 0 0 0 0 0
票据种类		转账支票	票据张数		
票据号码		32532635			
复核　记账			付款人开户银行签章		

（印章：中国建设银行股份有限公司南华市锦华支行 2013.08.13 办讫章（6））

开户银行交给持（出）票人的回单

图6-15　中国建设银行进账单（回单）

记 账 凭 证

年 月 日　　　　字　　号

摘要	总账科目	明细科目	借方金额										√	贷方金额										√
			千	百	十	万	千	百	十	元	角	分		千	百	十	万	千	百	十	元	角	分	
合计																								

附件　张

会计主管：　　记账：　　复核：　　制单：

图6-16 记账凭证

6. 归还短期借款。经济业务内容如图 6-17 所示；记账凭证如图 6-18 所示。

中国建设银行 **贷款还款凭证**（回单） ④

凭证开出日期 2013 年 8 月 16 日　　　　银行转账日期 2013 年 8 月 16 日

付款人	全称	南华市安居家具有限公司	贷款账户	全称	南华市安居家具有限公司
	账号	450016048513663646		账号	450016048513663646－1
	开户银行	建行南华锦华支行		开户银行	建行南华锦华支行
人民币（大写）	贰拾万元整			千 百 十 万 千 百 十 元 角 分	¥ 2 0 0 0 0 0 0 0
贷款种类	周转借款		原借款金额		
此借款已由上列账户归还 开户银行（章）				会计分录： 借： 贷： 复核　记账	

中国建设银行股份有限公司 南华市锦华支行 2013.08.16 办讫章 (6)

第四联：回单

图6-17 中国建设银行贷款还款凭证（回单）

记 账 凭 证

年 月 日　　　　字　　号

摘要	总账科目	明细科目	借方金额										√	贷方金额										√
			千	百	十	万	千	百	十	元	角	分		千	百	十	万	千	百	十	元	角	分	
合计																								

附件　张

会计主管：　　记账：　　复核：　　制单：

图6-18 记账凭证

7. 预收货款。经济业务内容如图 6-19 所示；记账凭证如图 6-20 所示。

中国建设银行 信汇凭证（收账通知） 4

委托日期 2013年8月17日

汇款人	全 称	贵港市港南家具有限公司	收款人	全 称	南华市安居家具有限公司
	账 号	450516048513642351		账 号	450016048513663646
	汇出地点	南华 省 贵港 市/县		汇入地点	南华 省 市/县
汇出行名称		建行贵港江南支行	汇入行名称		建行南华锦华支行
金额	人民币（大写）	壹拾伍万元整	亿千百十万千百十元角分		¥15000000
款项已收入收款人账户。			支付密码		
			附加信息及用途：		预付学生课桌、课椅货款
汇入行签章			复核		记账

此联给收款人的收账通知

中国建设银行股份有限公司
南华市锦华支行
2013.08.17
办讫章
（6）

图6-19 中国建设银行信汇凭证（收账通知）

记 账 凭 证

年 月 日 字 号

摘要	总账科目	明细科目	借方金额 千百十万千百十元角分	√	贷方金额 千百十万千百十元角分	√
合 计						

附件 张

会计主管： 记账： 复核： 制单：

图6-20 记账凭证

8. 支付短期借款利息。经济业务内容如图 6-21 所示；记账凭证如图 6-22 所示。

中国建设银行特种转账借方凭证

人民币 清算日期：2013 年 8 月 22 日 第 号 （客户回单）

付款人	全 称	南华市安居家具有限公司	收款人	全称	建行南华锦华支行
	账 号	450016048513663646		账号	
	开户银行	建行南华锦华支行		开户行	建行南华锦华支行
金额（大写）		玖仟捌佰元整			¥9 800.00
用途	贷款利息				
备注	转讫				银行盖章

中国建设银行股份有限公司
南华市锦华支行
2013.08.22
办讫章
（6）

会计主管： 授权： 复核：刘丽文 打印：薛丽

图6-21 中国建设银行特种转账借方凭证

记　账　凭　证

年　月　日　　　　　　　　字　　　　号

摘　要	总账科目	明细科目	借方金额										✓	贷方金额										✓
			千	百	十	万	千	百	十	元	角	分		千	百	十	万	千	百	十	元	角	分	
合　计																								

附件　　张

会计主管：　　　记账：　　　复核：　　　制单：

图6-22　记账凭证

9. 销售产品。经济业务内容如图6-23和图6-24所示；记账凭证如图6-25和图6-26所示。

南华市增值税专用发票

5885101282　　　　记账联　　　　No：6234326

开票日期2013年8月23日

购货单位	名　　称：贵港市港南家具有限公司 纳税人识别号：4525223165611358 地　址、电　话：贵港市江南大道362号0775-42334256 开户行及账号：建行贵港江南支行 450516048513642351			密码区	03**263>>0821927-8303 -5215895---669*>7873/ 37315/6*2-+505/32+78 +48-4*1850164907>>>/		加密版本：01 4300062620 03948082
货物或应税劳务名称	规格型号	单位	数量	单价	金额	税率	税额
课桌		张	600	106.837 61	64 102.56	17%	10 897.44
课椅		张	600	98.290 60	58 974.36	17%	10 025.64
合　计					¥ 123 076.92		¥ 20 923.08
价税合计（大写）	人民币壹拾肆万肆仟元整					小写 ¥ 144 000.00	
销货单位	名　　称：南华市安居家具有限公司 纳税人识别号：4501223165603662 地　址、电　话：南华市锦华大道632号0771－39828366 开户行及账号：建行南华锦华支行 450016048513663646			备注	冲减预收款		

第四联：销货方记账凭证

收款人：　　　复核：凌丽娜　　　开票人：幸魏国　　　销货单位：（章）

图6-23　增值税专用发票

产　品　出　库　单　　　　No. 0032416

购货单位：贵港市港南家具有限公司　　　　开单日期：2013年8月23日

产品名称	型号规格	计量单位	计划数	实发数	单　价	金　额	单位成本	总成本
课桌		张	600	600	125.00	75 000.00	90.00	54 000.00
课椅		张	600	600	115.00	69 000.00	80.00	48 000.00
合计						144 000.00		102 000.00
合计（大写）	壹拾肆万肆仟元整							

第三联：财务记账

会计：凌莉娜　　　保管：刘杰　　　提货：易永　　　制单：单建林

图6-24　产品出库单

记 账 凭 证

年 月 日　　　　　　　　字　　　号

摘要	总账科目	明细科目	借方金额										√	贷方金额										√
			千	百	十	万	千	百	十	元	角	分		千	百	十	万	千	百	十	元	角	分	
合计																								

附件　张

会计主管：　　记账：　　复核：　　制单：

图6-25 记账凭证

记 账 凭 证

年 月 日　　　　　　　　字　　　号

摘要	总账科目	明细科目	借方金额										√	贷方金额										√
			千	百	十	万	千	百	十	元	角	分		千	百	十	万	千	百	十	元	角	分	
合计																								

附件　张

会计主管：　　记账：　　复核：　　制单：

图6-26 记账凭证

10. 分配本月制造费用。经济业务内容如表6-1所示；记账凭证如图6-27所示。

表6–1 制造费用分配表

编制日期：2013年8月31日　　　　金额单位：元

项 目	定额工时	分配率	分配金额
课桌	6 000	8.537	51 222.00
课椅	4 000	8.537	34 148.00
合计	10 000		85 370.00

记 账 凭 证

年 月 日　　　　　　　　＿＿＿字＿＿＿号

摘要	总账科目	明细科目	借方金额										√	贷方金额										√
			千	百	十	万	千	百	十	元	角	分		千	百	十	万	千	百	十	元	角	分	
合计																								

附件　张

会计主管：　　记账：　　复核：　　制单：

图6-27　记账凭证

11. 结转完工产品成本。经济业务内容如表 6-2 所示；记账凭证如图 6-28 所示。

表6-2　完工产品成本汇总表

编制日期：2013年8月31日　　　　金额单位：元

品　名	型号规格	计量单位	数　量	单位成本	总成本	备　注
课桌		张	8 000	90.00	720 000.00	
课椅		张	6 000	80.00	480 000.00	
合 计					1 200 000.00	

主管：　　会计：　　复核：凌莉娜　　制表：幸魏国

记 账 凭 证

年 月 日　　　　　　　　＿＿＿字＿＿＿号

摘要	总账科目	明细科目	借方金额										√	贷方金额										√
			千	百	十	万	千	百	十	元	角	分		千	百	十	万	千	百	十	元	角	分	
合计																								

附件　张

会计主管：　　记账：　　复核：　　制单：

图6-28　记账凭证

12. 结转损益类账户。经济业务内容如表 6-3 所示；记账凭证如图 6-29 ～图 6-31 所示。

表6–3　结转前损益类账户余额表

编制日期：2013年8月31日　　　　金额单位：元

会计科目	贷方余额	会计科目	借方余额
主营业务收入	1 200 000.00	主营业务成本	850 000.00
其他业务收入	60 000.00	营业税金及附加	4 560.00
营业外收入	20 000.00	其他业务成本	40 000.00
		销售费用	50 000.00
		管理费用	130 000.00
		财务费用	75 440.00
		营业外支出	30 000.00
合　计	1 280 000.00	合　计	1 180 000.00

记　账　凭　证

年　月　日　　　　字　　号

摘　要	总账科目	明细科目	借方金额										√	贷方金额										√
			千	百	十	万	千	百	十	元	角	分		千	百	十	万	千	百	十	元	角	分	
	合　计																							

附件　张

会计主管：　　记账：　　复核：　　制单：

图6-29　记账凭证

记　账　凭　证

年　月　日　　　　字　　号

摘　要	总账科目	明细科目	借方金额										√	贷方金额										√
			千	百	十	万	千	百	十	元	角	分		千	百	十	万	千	百	十	元	角	分	
	合　计																							

附件　张

会计主管：　　记账：　　复核：　　制单：

图6-30　记账凭证

记 账 凭 证

年　月　日　　　　　字　　号

摘要	总账科目	明细科目	借方金额										√	贷方金额										√
			千	百	十	万	千	百	十	元	角	分		千	百	十	万	千	百	十	元	角	分	
	合计																							

附件　　张

会计主管：　　记账：　　复核：　　制单：

图6-31　记账凭证

13. 计提和结转所得税费用。经济业务内容如表6-4所示；记账凭证如图6-32和图6-33所示。

表6-4　应交所得税计算表

编制日期：2013年8月31日　　　　金额单位：元

利润总额	纳税调整金额（+、-）	应纳税所得额	税　率	应纳所得税额	备　注
100 000.00		100 000.00	25%	25 000.00	

记 账 凭 证

年　月　日　　　　　字　　号

摘要	总账科目	明细科目	借方金额										√	贷方金额										√
			千	百	十	万	千	百	十	元	角	分		千	百	十	万	千	百	十	元	角	分	
	合计																							

附件　　张

会计主管：　　记账：　　复核：　　制单：

图6-32　记账凭证

记 账 凭 证

年 月 日　　　　＿＿字＿＿号

摘 要	总账科目	明细科目	借方金额										√	贷方金额										√
			千	百	十	万	千	百	十	元	角	分		千	百	十	万	千	百	十	元	角	分	
合 计																								

附件　张

会计主管：　　记账：　　复核：　　制单：

图6-33 记账凭证

14. 分配利润。经济业务内容如表 6-5 所示；记账凭证如图 6-34 所示。

表6–5 利润分配计算表

编制日期：2013年8月31日　　　　金额单位：元

项 目	净利润	提取比例	金 额	备 注
法定盈余公积	1 200 000.00	10%	120 000.00	
任意盈余公积	1 200 000.00	5%	60 000.00	
合 计			180 000.00	

记 账 凭 证

年 月 日　　　　＿＿字＿＿号

摘 要	总账科目	明细科目	借方金额										√	贷方金额										√
			千	百	十	万	千	百	十	元	角	分		千	百	十	万	千	百	十	元	角	分	
合 计																								

附件　张

会计主管：　　记账：　　复核：　　制单：

图6-34 记账凭证

项目七

登记会计账簿

【学习目标】

1. 能说出会计账簿的基本要素和账簿的种类。
2. 会按照账簿启用规则办理账簿的更换、启用和交接。
3. 会根据单位经济业务特点和管理要求正确设置各种账簿。
4. 会登记各种账簿。
5. 会正确使用错账的更正方法。
6. 会编制科目汇总表。
7. 会正确对账和结账。

一、填空题

1. 会计账簿是以__________为登记依据，用于连续、系统、全面地记录各种__________，由具有专门格式和相互联系的账页组成的__________。

2. 一定会计期间、一定种类的会计账簿，分别记录和反映了各会计账户的__________、__________、__________和__________的情况。

3. 分类账按照反映的经济业务详细程度不同，分为__________和__________。

4. 总账账户对其所属的明细账账户具有__________和__________的作用，而明细账账户是对其所归属的总账账户的__________和__________。

5. 账簿按账页格式不同，可分为__________、__________、__________和__________账簿。

6. 三栏式账簿的账页基本格式是在账页中设置__________、__________、__________三个基本栏目金额的账簿。

二、单项选择题

1. 以下项目，一般不采用数量金额式账簿的是（　　）。

A. 原材料明细账　B. 库存商品明细账　C. 工程物资明细账　D. 在途物资明细账

2. 下列情况，不能用红色墨水记账的是（　　）。

A. 按照红字冲账的记账凭证，冲销错误记录

B. 登记数量金额式账簿的贷方发生额

C. 在不设借贷等栏的多栏式账页中，登记减少数

D. 在三栏式账户的余额栏前，如未印明余额借贷方向的，在余额栏内登记负数余额

3. 在“记账凭证核算程序”下，应该根据（　　）登记总账。

A. 科目汇总表　　B. 记账凭证的总分类账户

C. 记账凭证的明细分类账户　　D. 明细分类账户

4. 在“科目汇总表核算程序”下，应该根据（　　）登记总账。

A. 科目汇总表　　B. 记账凭证的总分类账户

C. 记账凭证的明细分类账户　　D. 明细分类账户

5. 银行存款日记账必须采用（　　）账簿。

A. 三栏式　　B. 多栏式　　C. 订本式　　D. 平行登记式

6. 实物资产的明细账一般采用（　　）账簿。

A. 数量金额式　　B. 三栏式　　C. 多栏式　　D. 平行登记式

7. 账证核对是指将（　　）进行核对。

A. 账簿记录与会计凭证　　B. 账簿记录与记账凭证

C. 账簿记录与原始凭证　　D. 总账与明细账

三、多项选择题

1. 关于账户的借方、贷方、余额之间的关系，以下等式成立的有（　　）。

A. 期初余额＋本期增加额－本期减少额＝期末余额

B. 期初余额＝期末余额＋本期减少额－本期增加额

C. 期初余额＋本期增加额＝本期减少额＋期末余额

D. 期初余额－本期减少额＝期末余额－本期增加额

2. 账簿按其用途不同，可以分为（　　）三类。

A. 总账　　B. 序时账簿　　C. 分类账簿　　D. 备查账簿

3. 账簿按其外形特征不同，可以分为（　　）。

A. 订本式　　B. 活页式　　C. 卡片式　　D. 多栏式

4. 数量金额式账簿账页的基本格式是在三栏式账页的基础上，在“借方”、“贷方”、“余额”各基本栏目中再细分（　　）。

A. 计量单位　　B. 数量　　C. 单价　　D. 金额

5. 在汇总过程中，如果借方发生额合计等于贷方发生额合计，并不说明汇总过程一定正确，仍然可能存在的错误有（　　）。

A. 漏记或重复登记某张记账凭证

B. 借贷双方同时多计或少计某个金额

C. 借贷双方登记的方向完全相反

D. 记账凭证与科目汇总表登记的科目不一致

6. 账账核对包括（　　）。

A. 总账有关账户与其所属明细账之间的核对

B. 总账有关账户与日记账之间的核对

C. 各级明细账（如二级、三级明细账）与其所属明细账之间的核对

D. 会计部门的财产物资明细账与财产物资保管和使用部门的有关明细账之间的核对

7. 账实核对主要包括（　　）。

A. 现金日记账账面余额与库存现金实际结存数核对

B. 银行存款日记账账面余额与银行对账单核对

C. 各种财产物资明细账账面结存数与财产物资实存数核对

D. 各种应收、应付款明细账账面余额与有关债务、债权单位或者个人核对

四、实训操作

实训一

【实训目的】理解会计账簿的意义和作用。

【资　　料】假如某公司2013年8月31日电冰箱的库存商品明细账如图7-1所示。

本账页次	
本户页次	5

库存商品明细账

品名规格 海王电冰箱 三门　　产地 深圳　　计量单位 台　　存放地点 2号仓库

2013年		凭证		摘要	借方（收入）			贷方（发出）			结存			保本期	保利期
月	日	字	号		数量	单价	金额（千百十万千百十元角分）	数量	单价	金额（千百十万千百十元角分）	数量	均价	金额（千百十万千百十元角分）		
				承前页							48	3 600.00	17280000		
7	23	转	55	销售				9	3 600.00	3240000					
	25	转	59	销售				16	3 600.00	5760000					
	29	转	71	销售				8	3 600.00	2880000	15	3 600.00	5400000		
				本月合计	120		43200000	131		47160000					
				本年累计	410		147600000	426		153360000					
8	4	转	13	购进	10	3 600 .00	3600000								
	6	转	16	销售				20	3 600.00	7200000					
	10	转	21	购进	30	3 600.00	10800000								
	16	转	33	购进	25	3 600.00	9000000								
	17	转	35	销售				16	3 600.00	5760000					
	17	转	36	销售				10	3 600.00	3600000					
	17	转	37	购进	15	3 600.00	5400000								
	25	转	49	销售				18	3 600.00	6480000					
	26	转	52	销售				22	3 600.00	7920000					
	31	转	68	购进	12	3 600.00	4320000				21	3 600.00	7560000		
				本月合计	92		33120000	86		30960000					
				本年累计	502		180720000	512		184320000					

图7-1　库存商品明细账

【要　　求】请根据图 7-1 所示的账簿记录完成以下填空：

（1）账簿名称是＿＿＿＿＿＿＿＿；明细账户名称是＿＿＿＿＿＿＿＿；该账页是本账户的第＿＿＿＿页。

（2）2013 年 7 月共购进（收入）海王电冰箱＿＿＿＿＿台，合计金额＿＿＿＿＿元；共销售（发出）电冰箱＿＿＿＿＿台，合计金额＿＿＿＿＿元。

（3）2013 年 8 月共购进（收入）海王电冰箱＿＿＿＿＿台，合计金额＿＿＿＿＿元；共销售（发出）电冰箱＿＿＿＿＿台，合计金额＿＿＿＿＿元。

（4）2013 年期初结存海王电冰箱＿＿＿＿＿台，合计金额＿＿＿＿＿元；1 ～ 7 月共购进（收入）海王电冰箱＿＿＿＿＿台，合计金额＿＿＿＿＿元；销售（发出）＿＿＿＿台，合计金额＿＿＿＿元；7 月 31 日结存＿＿＿＿台，合计金额＿＿＿＿元。

（5）1 ～ 8 月共购进（收入）海王电冰箱＿＿＿＿台，合计金额＿＿＿＿元；销售（发出）＿＿＿＿台，合计金额＿＿＿＿元；8 月 31 日结存＿＿＿＿台，合计金额＿＿＿＿元。

（6）7 月 23 日结存海王电冰箱＿＿＿＿台，合计金额＿＿＿＿元。

（7）8 月 3 日结存海王电冰箱＿＿＿＿台，合计金额＿＿＿＿元。

（8）8 月 17 日结存海王电冰箱＿＿＿＿台，合计金额＿＿＿＿元。

【小提示】

以上第（4）、（5）题运用期末余额的计算公式推算。

实训二

【实训目的】理解总账与明细账的数量关系。

【资　　料】假如某公司 2013 年 1 月预收账款总账和明细账如图 7-2 ～图 7-4 所示。

总　　账

会计科目或户名　预收账款　　　　分页第 1 页 总页第＿＿页

2013 年		凭证编号		摘要	借方（亿千百十万千百十元角分）	√	贷方（亿千百十万千百十元角分）	√	借或贷	余额（亿千百十万千百十元角分）	√
月	日	字	号								
1	1			上年结转					贷	25000000	
	12	转	26	货款转销	16600000				贷	8400000	
	21	收	23	预收货款			18000000		贷	26400000	
	26	转	76	货款转销	26200000				贷	200000	

图7-2　总账

预收账款 明细账

本账页次	
本户页次	1

细目________ 户名 桂林恒生家电有限公司

2013年		记账凭证		摘要	借方											√	贷方											√	借或贷	余额											√
月	日	字	号		亿	千	百	十	万	千	百	十	元	角	分		亿	千	百	十	万	千	百	十	元	角	分			亿	千	百	十	万	千	百	十	元	角	分	
1	1			上年结转																									贷				1	0	0	0	0	0	0	0	
	12	转	26	电冰箱货款转销					9	5	0	0	0	0	0														贷						5	0	0	0	0	0	
	21	收	23	预收彩电款																1	8	0	0	0	0	0	0		贷				1	8	5	0	0	0	0	0	
	26	转	76	彩电货款转销				1	7	6	0	0	0	0	0														贷						9	0	0	0	0	0	

图7-3 预收账款明细账

预收账款 明细账

本账页次	
本户页次	1

细目________ 户名 梧州佳华家电贸易有限公司

2013年		记账凭证		摘要	借方											√	贷方											√	借或贷	余额											√
月	日	字	号		亿	千	百	十	万	千	百	十	元	角	分		亿	千	百	十	万	千	百	十	元	角	分			亿	千	百	十	万	千	百	十	元	角	分	
1	1			上年结转																									贷				1	5	0	0	0	0	0	0	
	12	转	26	购进服装辅料款					7	1	0	0	0	0	0														贷					7	9	0	0	0	0	0	
	26	转	76	预付服装面料款					8	6	0	0	0	0	0														借					7	0	0	0	0	0	0	

图7-4 预收账款明细账

【要　　求】请根据图 7-2 ～图 7-4 所示的账簿记录完成以下填空：

（1）2013 年 1 月该公司预收账款期初余额为__________元，其中：预收桂林恒生家电有限公司为__________元，预收梧州佳华家电有限公司为__________元，合计__________元。

（2）本月该公司共预收（增加）__________元，本月共转销（减少）__________元，期末余额__________元，其中：桂林恒生家电有限公司为__________方余额，金额为__________元；梧州佳华家电贸易有限公司为__________方余额，金额为__________元，合计为__________方余额，金额为__________元。

（3）总账中转字 26 号记账凭证转销的金额共__________元，其中桂林恒生家电有限公司为__________元，梧州佳华家电有限公司为__________元。

（4）总账中收字 23 号记账凭证预收的金额为__________元，是预收__________公司购买__________的货款。

（5）预收账款中，桂林恒生家电有限公司期初余额为__________元，本月预收（增加）__________元，本月转销（减少）__________元，期末为__________方余额，金额为__________元。

实训三

【实训目的】掌握科目汇总表的编制方法。

【资　　料】假如某公司 2013 年 1 月 1 日～ 10 日记账凭证的会计分录如图 7-5 所示。

记账凭证 字	号	会计分录	记账凭证 字	号	会计分录
记	1	借：银行存款 23 400 　贷：主营业务收入 20 000 　　　应交税费 3 400	记	10	借：原材料 16 000 　　应交税费 2 720 　贷：银行存款 18 720
记	2	借：管理费用 560 　贷：库存现金 560	记	11	借：管理费用 600 　贷：库存现金 600
记	3	借：库存现金 2 000 　贷：银行存款 2 000	记	12	借：预付账款 120 000 　贷：银行存款 120 000
记	4	借：管理费用 860 　贷：库存现金 860	记	13	借：原材料 25 000 　　应交税费 4 250 　贷：预付账款 29 250
记	5	借：原材料 40 000 　　应交税费 6 800 　贷：银行存款 46 800	记	14	借：财务费用 25 000 　贷：银行存款 25 000
记	6	借：银行存款 58 500 　贷：主营业务收入 50 000 　　　应交税费 8 500	记	15	借：银行存款 93 600 　贷：主营业务收入 80 000 　　　应交税费 13 600
记	7	借：管理费用 320 　贷：库存现金 320	记	16	借：管理费用 280 　贷：库存现金 280
记	8	借：银行存款 70 200 　贷：主营业务收入 60 000 　　　应交税费 10 200	记	17	借：管理费用 5 600 　贷：银行存款 5 600
记	9	借：原材料 12 000 　　应交税费 2 040 　贷：预付账款 14 040	记	18	借：销售费用 30 000 　贷：银行存款 30 000
			记	19	借：管理费用 450 　贷：库存现金 450

图7-5　会计分录

【要　　求】

1. 根据记账凭证（会计分录），采用“丁”字账登记汇总各总分类账户的发生额及其借、贷方发生额合计数（见图 7-6）。

2. 编制该公司 2013 年 1 月 1 日～ 10 日的科目汇总表，如表 7-1 所示。

图7-6 “丁”字账

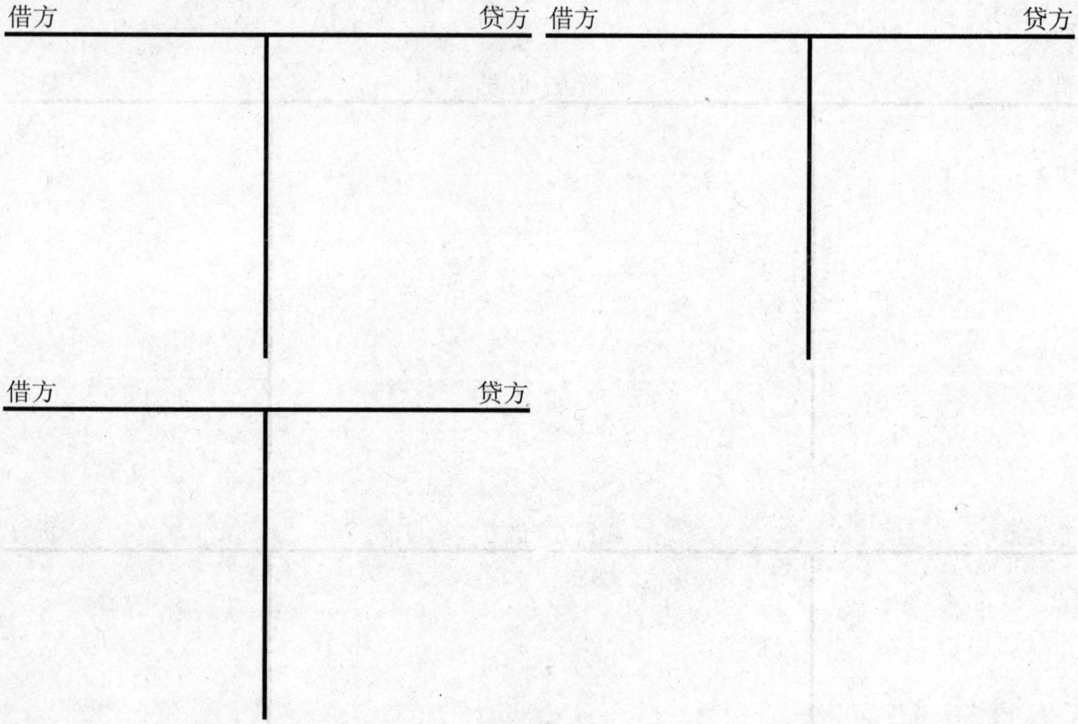

图7-6 “丁”字账（续）

表7-1 科目汇总表

自　　　年　　　月　　日至　　日　　　字第　　　号至第　　　号　　　金额单位：元

科目名称	借　方	贷　方	备　注
库存现金			
银行存款			
预付账款			
原材料			
应交税费			
销售费用			
管理费用			
财务费用			
主营业务收入			
合　计			

实训四

【实训目的】掌握总账的建账和登记方法。

【资　料】

1. 记账凭证（会计分录）（见图 7-5）和编制完成的科目汇总表（见表 7-1）。

2. 2012 年 12 月 31 日总账账户期末余额情况如表 7-2 所示。

【要　求】

1. 根据表 7-2 建立 2013 年总账，如图 7-7 ～图 7-17 所示。

2. 假如该公司采用“记账凭证核算程序”，请根据图 7-5 所示的记账凭证（会计分录）登记总账，如图 7-7 ～图 7-21 所示。

3. 假如该公司采用“科目汇总表核算程序”，请根据表 7-1 所示的科目汇总表登记总账，如图 7-22 ～图 7-30（没有发生额的账户，略）。有期初余额的账户，请先登记期初余额。

4. 分别核对各账户的期末余额；讨论两种方法登记的结果和优缺点。

表7–2　2012年12月31日总账账户期末余额表

金额单位：元

会计科目	借方余额	贷方余额
库存现金	1 300.00	
银行存款	230 000.00	
预付账款	80 000.00	
原材料	160 000.00	
库存商品	320 000.00	
固定资产	1 200 000.00	
累计折旧		600 000.00
应交税费		13 600.00
实收资本		1 000 000.00
盈余公积		200 000.00
利润分配		177 700.00
合　计	1 991 300.00	1 991 300.00

总　　账

会计科目或户名 库存现金　　　　分页第____页 总页第____页

年		凭证编号		摘要	借方											√	贷方											√	借或贷	余额											√
月	日	字	号		亿	千	百	十	万	千	百	十	元	角	分		亿	千	百	十	万	千	百	十	元	角	分			亿	千	百	十	万	千	百	十	元	角	分	

图7-7　总账

总　　账

会计科目或户名　银行存款　　　　分页第____页 总页第____页

年		凭证编号		摘要	借方											√	贷方											√	借或贷	余额											√
月	日	字	号		亿	千	百	十	万	千	百	十	元	角	分		亿	千	百	十	万	千	百	十	元	角	分			亿	千	百	十	万	千	百	十	元	角	分	

图7-8　总账

总　　账

会计科目或户名　预付账款　　　　分页第____页 总页第____页

年		凭证编号		摘要	借方											√	贷方											√	借或贷	余额											√
月	日	字	号		亿	千	百	十	万	千	百	十	元	角	分		亿	千	百	十	万	千	百	十	元	角	分			亿	千	百	十	万	千	百	十	元	角	分	

图7-9　总账

总　　账

会计科目或户名　原材料　　　　分页第____页 总页第____页

年		凭证编号		摘要	借方											√	贷方											√	借或贷	余额											√
月	日	字	号		亿	千	百	十	万	千	百	十	元	角	分		亿	千	百	十	万	千	百	十	元	角	分			亿	千	百	十	万	千	百	十	元	角	分	

图7-10　总账

总　　账

会计科目或户名 库存商品　　　　分页第____页 总页第____页

年		凭证编号		摘要	借方											√	贷方											√	借或贷	余额											√
月	日	字	号		亿	千	百	十	万	千	百	十	元	角	分		亿	千	百	十	万	千	百	十	元	角	分			亿	千	百	十	万	千	百	十	元	角	分	

图7-11　总账

总　　账

会计科目或户名 固定资产　　　　分页第____页 总页第____页

年		凭证编号		摘要	借方											√	贷方											√	借或贷	余额											√
月	日	字	号		亿	千	百	十	万	千	百	十	元	角	分		亿	千	百	十	万	千	百	十	元	角	分			亿	千	百	十	万	千	百	十	元	角	分	

图7-12　总账

总　　账

会计科目或户名 累计折旧　　　　分页第____页 总页第____页

年		凭证编号		摘要	借方											√	贷方											√	借或贷	余额											√
月	日	字	号		亿	千	百	十	万	千	百	十	元	角	分		亿	千	百	十	万	千	百	十	元	角	分			亿	千	百	十	万	千	百	十	元	角	分	

图7-13　总账

总　　账

会计科目或户名　应交税费　　　　　　　　　　　　分页第＿页　总页第＿页

年		凭证编号		摘要	借方											√	贷方											√	借或贷	余额											√
月	日	字	号		亿	千	百	十	万	千	百	十	元	角	分		亿	千	百	十	万	千	百	十	元	角	分			亿	千	百	十	万	千	百	十	元	角	分	

图7-14　总账

总　　账

会计科目或户名　实收资本　　　　　　　　　　　　分页第＿页　总页第＿页

年		凭证编号		摘要	借方											√	贷方											√	借或贷	余额											√
月	日	字	号		亿	千	百	十	万	千	百	十	元	角	分		亿	千	百	十	万	千	百	十	元	角	分			亿	千	百	十	万	千	百	十	元	角	分	

图7-15　总账

总　　账

会计科目或户名　盈余公积　　　　　　　　　　　　分页第＿页　总页第＿页

年		凭证编号		摘要	借方											√	贷方											√	借或贷	余额											√
月	日	字	号		亿	千	百	十	万	千	百	十	元	角	分		亿	千	百	十	万	千	百	十	元	角	分			亿	千	百	十	万	千	百	十	元	角	分	

图7-16　总账

总　　账

会计科目或户名 利润分配　　　　　　分页第____页 总页第____页

年		凭证编号		摘要	借方											√	贷方											√	借或贷	余额											√
月	日	字	号		亿	千	百	十	万	千	百	十	元	角	分		亿	千	百	十	万	千	百	十	元	角	分			亿	千	百	十	万	千	百	十	元	角	分	

图7-17　总账

总　　账

会计科目或户名 主营业务收入　　　　　　分页第____页 总页第____页

年		凭证编号		摘要	借方											√	贷方											√	借或贷	余额											√
月	日	字	号		亿	千	百	十	万	千	百	十	元	角	分		亿	千	百	十	万	千	百	十	元	角	分			亿	千	百	十	万	千	百	十	元	角	分	

图7-18　总账

总　　账

会计科目或户名 销售费用　　　　　　分页第____页 总页第____页

年		凭证编号		摘要	借方											√	贷方											√	借或贷	余额											√
月	日	字	号		亿	千	百	十	万	千	百	十	元	角	分		亿	千	百	十	万	千	百	十	元	角	分			亿	千	百	十	万	千	百	十	元	角	分	

图7-19　总账

总　　账

会计科目或户名 管理费用　　　　分页第____页 总页第____页

年		凭证编号		摘要	借方											√	贷方											√	借或贷	余额											√
月	日	字	号		亿	千	百	十	万	千	百	十	元	角	分		亿	千	百	十	万	千	百	十	元	角	分			亿	千	百	十	万	千	百	十	元	角	分	

图7-20　总账

总　　账

会计科目或户名 财务费用　　　　分页第____页 总页第____页

年		凭证编号		摘要	借方											√	贷方											√	借或贷	余额											√
月	日	字	号		亿	千	百	十	万	千	百	十	元	角	分		亿	千	百	十	万	千	百	十	元	角	分			亿	千	百	十	万	千	百	十	元	角	分	

图7-21　总账

总　　账

会计科目或户名 库存现金　　　　分页第____页 总页第____页

2013年		凭证编号		摘要	借方											√	贷方											√	借或贷	余额											√
月	日	字	号		亿	千	百	十	万	千	百	十	元	角	分		亿	千	百	十	万	千	百	十	元	角	分			亿	千	百	十	万	千	百	十	元	角	分	
1	1			上年结转																															1	3	0	0	0	0	

图7 22　总账

总 账

会计科目或户名 银行存款　　　　分页第____页 总页第____页

年		凭证编号		摘要	借方											√	贷方											√	借或贷	余额											√
月	日	字	号		亿	千	百	十	万	千	百	十	元	角	分		亿	千	百	十	万	千	百	十	元	角	分			亿	千	百	十	万	千	百	十	元	角	分	
1	1			上年结转																													2	3	0	0	0	0	0	0	

图7-23　总账

总 账

会计科目或户名 预付账款　　　　分页第____页 总页第____页

年		凭证编号		摘要	借方											√	贷方											√	借或贷	余额											√
月	日	字	号		亿	千	百	十	万	千	百	十	元	角	分		亿	千	百	十	万	千	百	十	元	角	分			亿	千	百	十	万	千	百	十	元	角	分	
1	1			上年结转																														8	0	0	0	0	0	0	

图7-24　总账

总 账

会计科目或户名 应交税费　　　　分页第____页 总页第____页

年		凭证编号		摘要	借方											√	贷方											√	借或贷	余额											√
月	日	字	号		亿	千	百	十	万	千	百	十	元	角	分		亿	千	百	十	万	千	百	十	元	角	分			亿	千	百	十	万	千	百	十	元	角	分	
1	1			上年结转																														1	3	6	0	0	0	0	

图7-25　总账

总　　账

会计科目或户名 原材料　　　　分页第＿＿页 总页第＿＿页

年		凭证编号		摘要	借方											√	贷方											√	借或贷	余额											√
月	日	字	号		亿	千	百	十	万	千	百	十	元	角	分		亿	千	百	十	万	千	百	十	元	角	分			亿	千	百	十	万	千	百	十	元	角	分	
1	1			上年结转																													1	6	0	0	0	0	0	0	

图7-26　总账

总　　账

会计科目或户名 主营业务收入　　　　分页第＿＿页 总页第＿＿页

年		凭证编号		摘要	借方											√	贷方											√	借或贷	余额											√
月	日	字	号		亿	千	百	十	万	千	百	十	元	角	分		亿	千	百	十	万	千	百	十	元	角	分			亿	千	百	十	万	千	百	十	元	角	分	
1	1			上年结转																																					

图7-27　总账

总　　账

会计科目或户名 销售费用　　　　分页第＿＿页 总页第＿＿页

年		凭证编号		摘要	借方											√	贷方											√	借或贷	余额											√
月	日	字	号		亿	千	百	十	万	千	百	十	元	角	分		亿	千	百	十	万	千	百	十	元	角	分			亿	千	百	十	万	千	百	十	元	角	分	
1	1			上年结转																																					

图7-28　总账

总 账

会计科目或户名 管理费用　　　　　　　　分页第____页 总页第____页

年		凭证编号		摘要	借方											√	贷方											√	借或贷	余额											√
月	日	字	号		亿	千	百	十	万	千	百	十	元	角	分		亿	千	百	十	万	千	百	十	元	角	分			亿	千	百	十	万	千	百	十	元	角	分	
1	1			上年结转																																					

图7-29　总账

总 账

会计科目或户名 财务费用　　　　　　　　分页第____页 总页第____页

年		凭证编号		摘要	借（收入）方											√	贷（付出）方											√	借或贷	余额											√
月	日	字	号		亿	千	百	十	万	千	百	十	元	角	分		亿	千	百	十	万	千	百	十	元	角	分			亿	千	百	十	万	千	百	十	元	角	分	
1	1			上年结转																																					

图7-30　总账

实训五

【实训目的】掌握总账账户期末余额试算平衡表编制方法。

【资　　料】登记完成的图 7-7～图 7-21。

【要　　求】根据图 7-7～图 7-21 各账户的 2013 年 1 月 10 日期末余额编制期末余额试算平衡表，如表 7-3 所示。

表7–3　总账账户期末余额试算平衡表

金额单位：元

会计科目	借方余额	贷方余额
库存现金		
银行存款		
预付账款		

续表

会计科目	借方余额	贷方余额
原材料		
库存商品		
固定资产		
累计折旧		
应交税费		
实收资本		
盈余公积		
利润分配		
主营业务收入		
销售费用		
管理费用		
财务费用		
合　计		

实训六

【实训目的】掌握日记账的登记方法。

【资　　料】图 7-5 所示的记账凭证（会计分录）。

【要　　求】请根据图 7-5 所示的记账凭证（会计分录）登记现金日记账（见图 7-31）和银行存款日记账（见图 7-32），并将余额与总账核对相符。

现　金　日　记　账

本账页次	
本户页次	1

户名 ____________

2013年		凭证		摘要	借方（收入）											√	贷方（付出）											√	余额											√
月	日	字	号		亿	千	百	十	万	千	百	十	元	角	分		亿	千	百	十	万	千	百	十	元	角	分		亿	千	百	十	万	千	百	十	元	角	分	
1	1			上年结转																														1	3	0	0	0	0	

图7-31　现金日记账

银行存款日记账

本账页次	
本户页次	1

户名：基本户　　　　账号：450016048513663625

2013年		凭证		摘要	借方（收入）											√	贷方（付出）											√	余额											√
月	日	字	号		亿	千	百	十	万	千	百	十	元	角	分		亿	千	百	十	万	千	百	十	元	角	分		亿	千	百	十	万	千	百	十	元	角	分	
1	1			上年结转																												2	3	0	0	0	0	0	0	

图7-32　银行存款日记账

项目八

编制会计报表

【项目目标】

1. 能说出会计报表的意义。
2. 能说出会计报表的种类。
3. 会编制资产负债表。
4. 会编制利润表。

一、填空题

1. 会计报表是总括反映企业某一特定日期__________或某一会计期间的__________、__________等会计信息的文件。

2. 企业会计报表主要包括__________、__________和__________。

3. 资产负债表是反映企业在某一特定日期__________的报表。它反映了企业全部__________、__________和__________的金额及其结构情况。

4. 资产负债表左、右两方各项目按适当的顺序排列，资产项目按其流动性排列，流动性__________（大、小）的排在前，流动性__________（大、小）的排在后；负债项目按其到期日的远近排列，到期日__________（远、近）的排在前，到期日__________（远、近）的排在后；所有者权益项目按其永久性程度的高低排列，永久性程度__________（高、低）的排在前，永久性程度__________（高、低）的排在后。

5. 利润表是反映企业在一定会计期间__________的报表。它把一定会计期间的__________与同一会计期间相关的__________、__________进行配比，以计算出企业一定时期的净利润（或净亏损）。

6. 利润表的结构有__________和__________两种。

7. 利润表的“本期金额”栏反映各项目的本年累计发生额，填列__________至__________累计发生额。“上期金额”栏反映各项目的上年同期累计发生额，填列__________至__________的累计发生额。

二、单项选择题

1. 资产负债表是反映企业在某一特定日期（　　）的报表。

A. 财务状况　　B. 经营成果　　C. 现金流量　　D. 资产状况

2. 资产负债表中“年初余额”栏各项的数字，应按上年年末资产负债表中（　　）栏中的数字填列。

A. 年初余额　　B. 期末余额　　C. 资产状况　　D. 现金流量

3. 利润表是反映企业在一定会计期间（　　）的报表。

A. 财务状况　　B. 经营成果　　C. 现金流量　　D. 资产状况

4. 我国企业利润表采用（　　）结构。

A. 单步式　　B. 三步式　　C. 多步式　　D. 综合式

三、多项选择题

1. 在编制资产负债表时，下列项目属于根据对应的总分类账户期末余额直接填列的有（　　）。

A. 应收票据　　B. 短期借款　　C. 应交税费　　D. 资本公积

2. 在编制资产负债表时，下列项目属于根据两个或两个以上的总分类账户期末余额计算填列的有（　　）。

A. 货币资金　　B. 存货　　C. 未分配利润　　D. 盈余公积

3. 在编制资产负债表时，下列项目属于根据有关明细分类账户期末余额计算填列的有（　　）。

A. 应收利息　　B. 应收账款　　C. 应付账款　　D. 应付利息

4. 在编制资产负债表时，下列项目属于根据总分类账户和明细分类账期末余额分析计算填列的有（　　）。

A. 长期待摊费用　　B. 长期应收款　　C. 长期借款　　D 长期应付款

四、实训操作

实训一

【实训目的】编制资产负债表。

【资　　料】

（1）2012 年 12 月 31 日资产负债表，如表 8-1 所示。

（2）2013 年 8 月 31 日总账及相关明细账账户期末余额情况表，如表 8-2 所示。

【要　　求】根据资料编制 2013 年 8 月的资产负债表，如表 8-3 所示。

表8-1 资产负债表

会企01表

编制单位：南华市安居家具有限公司　　2012年12月31日　　单位：元

资　　产	期末余额	年初余额	负债和所有者权益（或股东权益）	期末余额	年初余额
流动资产：			流动负债：		
货币资金	168 000.00	264 000.00	短期借款	400 000.00	600 000.00
交易性金融资产			交易性金融负债		
应收票据	200 000.00	86 000.00	应付票据	460 000.00	320 000.00
应收账款	130 000.00	260 000.00	应付账款	300 000.00	220 000.00
预付款项	320 000.00	280 000.00	预收款项	200 000.00	
应收利息			应付职工薪酬		
应收股利			应交税费	113 000.00	82 000.00
其他应收款	6 000.00	16 000.00	应付利息		
存货	1 200 000.00	960 000.00	应付股利		
一年内到期的非流动资产			其他应付款	9 000.00	15 000.00
其他流动资产			一年内到期的非流动负债		
流动资产合计	2 024 000.00	1 866 000.00	其他流动负债		
非流动资产：			流动负债合计	1 482 000.00	1 237 000.00
可供出售金融资产			非流动负债：		
持有至到期投资			长期借款		500 000.00
长期应收款			应付债券		
长期股权投资			长期应付款		
投资性房地产			专项应付款		
固定资产	2 600 000.00	2 000 000.00	预计负债		
在建工程			递延所得税负债		
工程物资			其他非流动负债		
固定资产清理			非流动负债合计	0.00	500 000.00
生产性生物资产			负债合计	1 482 000.00	1 737 000.00
油气资产			所有者权益（或股东权益）：		
无形资产			实收资本（或股本）	2 000 000.00	1 500 000.00
开发支出			资本公积	300 000.00	200 000.00
商誉			减：库存股		
长期待摊费用			盈余公积	450 000.00	220 000.00
递延所得税资产			未分配利润	392 000.00	209 000.00
其他非流动资产			所有者权益（或股东权益）合计	3 142 000.00	2 129 000.00
非流动资产合计	2 600 000.00	2 000 000.00			
资产总计	4 624 000.00	3 866 000.00	负债和所有者权益（或股东权益）总计	4 624 000.00	3 866 000.00

表8-2 2013年8月31日总账及相关明细账账户期末余额情况表

编制单位：南华市安居家具有限公司 金额单位：元

科目名称	期末余额		科目名称	期末余额	
	借方	贷方		借方	贷方
库存现金	960.00		短期借款		1 200 000.00
银行存款	420 000.00		应付票据		200 000.00
其他货币资金	30 000.00		应付账款		180 000.00
应收票据	200 000.00		预收账款		160 000.00
应收账款	250 000.00		应交税费		137 960.00
预付账款	300 000.00		其他应付款		14 000.00
其他应收款	8 000.00		实收资本		2 000 000.00
在途物资	130 000.00		资本公积		300 000.00
原材料	660 000.00		盈余公积		450 000.00
库存商品	520 000.00		本年利润		285 000.00
固定资产	3 600 000.00		利润分配		392 000.00
累计折旧		800 000.00			
合　计	6 118 960.00	800 000.00		0.00	5 318 960.00

表8-3 资产负债表

会企01表

编制单位：南华市安居家具有限公司 2013年8月31日 单位：元

资　产	期末余额	年初余额	负债和所有者权益（或股东权益）	期末余额	年初余额
流动资产：			流动负债：		
货币资金			短期借款		
交易性金融资产			交易性金融负债		
应收票据			应付票据		
应收账款			应付账款		
预付款项			预收款项		
应收利息			应付职工薪酬		
应收股利			应交税费		
其他应收款			应付利息		
存货			应付股利		
一年内到期的非流动资产			其他应付款		
其他流动资产			一年内到期的非流动负债		
流动资产合计			其他流动负债		
非流动资产：			流动负债合计		
可供出售金融资产			非流动负债：		

续表

资　　产	期末余额	年初余额	负债和所有者权益（或股东权益）	期末余额	年初余额
持有至到期投资			长期借款		
长期应收款			应付债券		
长期股权投资			长期应付款		
投资性房地产			专项应付款		
固定资产			预计负债		
在建工程			递延所得税负债		
工程物资			其他非流动负债		
固定资产清理			非流动负债合计		
生产性生物资产			负债合计		
油气资产			所有者权益（或股东权益）：		
无形资产			实收资本（或股本）		
开发支出			资本公积		
商誉			减：库存股		
长期待摊费用			盈余公积		
递延所得税资产			未分配利润		
其他非流动资产			所有者权益（或股东权益）合计		
非流动资产合计					
资产总计			负债和所有者权益（或股东权益）总计		

实训二

【实训目的】编制利润表。

【资　　料】

（1）2012 年 8 月利润表，如表 8-4 所示。

（2）2013 年 1 ～ 8 月损益类账户累计发生额，如表 8-5 所示。

【要　　求】根据资料编制 2013 年 8 月的利润表，如表 8-6 所示。

表8–4　利　润　表

会企02表

编制单位：南华市安居家具有限公司　　2012年8月　　单位：元

项　　目	本期金额	上期金额
一、营业收入	8 900 000.00	7 600 000.00
减：营业成本	7 400 000.00	6 300 000.00
营业税金及附加	160 000.00	130 000.00

续表

项　　目	本期金额	上期金额
销售费用	320 000.00	260 000.00
管理费用	420 000.00	380 000.00
财务费用	180 000.00	120 000.00
资产减值损失		
加：公允价值变动收益（损失以“–”号填列）		
投资收益（损失以“–”号填列）		
其中：对联营企业和合营企业的投资收益		
二、营业利润（亏损以“–”号填列）	420 000.00	410 000.00
加：营业外收入	86 000.00	60 000.00
减：营业外支出	130 000.00	160 000.00
其中：非流动资产处置损失		
三、利润总额（亏损总额以“–”号填列）	376 000.00	310 000.00
减：所得税费用	94 000.00	77 500.00
四、净利润（净亏损以“–”号填列）	282 000.00	232 500.00
五、每股收益：		
（一）基本每股收益		
（二）稀释每股收益		

表8-5　2013年1～8月损益类账户累计发生额

金额单位：元

科目名称	借方发生额	贷方发生额
主营业务收入		10 200 000.00
主营业务成本	8 560 000.00	
营业税金及附加	190 000.00	
销售费用	360 000.00	
管理费用	480 000.00	
财务费用	250 000.00	
其他业务收入		380 000.00
其他业务成本	290 000.00	
营业外收入		90 000.00
营业外支出	160 000.00	
所得税费用	95 000.00	
合　计	10 385 000.00	10 670 000.00

表8-6 利 润 表

会企02表

编制单位：　　　　年　　月　　　　单位：元

项　　　目	本期金额	上期金额
一、营业收入		
减：营业成本		
营业税金及附加		
销售费用		
管理费用		
财务费用		
资产减值损失		
加：公允价值变动收益（损失以“-”号填列）		
投资收益（损失以“-”号填列）		
其中：对联营企业和合营企业的投资收益		
二、营业利润（亏损以“-”号填列）		
加：营业外收入		
减：营业外支出		
其中：非流动资产处置损失		
三、利润总额（亏损总额以“-”号填列）		
减：所得税费用		
四、净利润（净亏损以“-”号填列）		
五、每股收益：		
（一）基本每股收益		
（二）稀释每股收益		

项目九

综合业务处理案例

【项目目标】

全面、系统地掌握会计核算业务的处理方法和业务操作流程。

【资　料】

本案例以南华佳丽服装有限公司 2013 年 1 月的经济业务为背景，相关资料如下：

一、企业概况

企 业 名 称：南华佳丽服装有限公司

地　　　址：南华市星光大道 666 号

联 系 电 话：0771-68693699

法定代表人：隆剑锋

注 册 资 本：200 万元

企 业 类 型：有限责任公司

经 营 范 围：生产、销售各种服装

机 构 设 置：生产车间、办公室、供应部、销售部、后勤部、财务部

开户银行及账号：

开 户 银 行：中国建设银行南华市星光支行

账号（基本户）：450016048513666226

纳税人识别号：4501223165605339

有关岗位人员：

财务部经理：阳莉红

会计（兼开票员）：丛剑华

会计（兼复核）：裴玉梅

出纳员：易建霞

二、主要会计政策

（一）会计制度

执行《企业会计准则》，参阅《企业会计准则——应用指南》。

（二）税率、费率标准

增值税税率：17%

企业所得税税率：25%

（三）利润分配标准

1. 按税后利润的10%提取法定盈余公积。

2. 按税后利润的5%提取任意盈余公积。

3.1 ～ 11 月不作分配。

（四）其他规定

1. 单位耗用的水电费，每月按受益对象的实际耗用分配预提，于下月支付给水电部门。

2. 统一采用通用记账凭证格式；记账凭证编号不分类，统一按顺序编号，如："记"字 ×× 号。

3. 采用记账凭证核算程序。

三、主要生产产品

（一）主要产品

西服、夹克。

（二）主要原材料

纯毛面料、里布、粗纺棉料、辅助材料（包括垫肩、拉链、纽扣、缝纫线、包装物等）

四、相关资料

（一）上年报表资料

1.2012 年 12 月 31 日资产负债表，如表 9-1 所示。

2.2012 年 1 月利润表，如表 9-2 所示。

表9–1　资产负债表

会企01表

编制单位：南华佳丽服装有限公司　　　2012年12月31日　　　单位：元

资　　产	期末余额	年初余额	负债和所有者权益（或股东权益）	期末余额	年初余额
流动资产：			流动负债：		
货币资金	96 560.00	168 000.00	短期借款	1 000 000.00	800 000.00
交易性金融资产			交易性金融负债		
应收票据		300 000.00	应付票据		
应收账款		60 000.00	应付账款	13 600.00	36 000.00

续表

资　　产	期末余额	年初余额	负债和所有者权益（或股东权益）	期末余额	年初余额
预付款项	740 000.00	120 000.00	预收款项	600 000.00	450 000.00
应收利息			应付职工薪酬		
应收股利			应交税费	60 000.00	132 000.00
其他应收款		5 000.00	应付利息		
存货	2 092 680.00	1 630 000.00	应付股利		
一年内到期的非流动资产			其他应付款	0.00	0.00
其他流动资产			一年内到期的非流动负债		
流动资产合计	2 929 240.00	2 283 000.00	其他流动负债		
非流动资产：			流动负债合计	1 673 600.00	1 418 000.00
可供出售金融资产			非流动负债：		
持有至到期投资			长期借款		
长期应收款			应付债券		
长期股权投资			长期应付款		
投资性房地产			专项应付款		
固定资产	1 932 000.00	2 585 000.00	预计负债		
在建工程			递延所得税负债		
工程物资			其他非流动负债		
固定资产清理			非流动负债合计	0.00	0.00
生产性生物资产			负债合计	1 673 600.00	1 418 000.00
油气资产			所有者权益（或股东权益）：		
无形资产			实收资本（或股本）	2 300 000.00	1 600 000.00
开发支出			资本公积	200 000.00	650 000.00
商誉			减：库存股		
长期待摊费用			盈余公积	80 000.00	340 000.00
递延所得税资产			未分配利润	607 640.00	860 000.00
其他非流动资产			所有者权益（或股东权益）合计	3 187 640.00	3 450 000.00
非流动资产合计	1 932 000.00	2 585 000.00			
资产总计	4 861 240.00	4 868 000.00	负债和所有者权益（或股东权益）总计	4 861 240.00	4 868 000.00

表9-2　利　润　表

会企02表

编制单位：南华佳丽服装有限公司　　　2012年1月　　　单位：元

项　　目	本期金额	上期金额
一、营业收入	1 400 000.00	1 260 000.00
减：营业成本	1 080 000.00	1 062 000.00

续表

项目	本期金额	上期金额
营业税金及附加	18 000.00	23 100.00
销售费用	45 000.00	65 600.00
管理费用	98 000.00	87 500.00
财务费用	10 000.00	8 000.00
资产减值损失		
加：公允价值变动收益（损失以“–”号填列）		
投资收益（损失以“–”号填列）		
其中：对联营企业和合营企业的投资收益		
二、营业利润（亏损以“–”号填列）	149 000.00	13 800.00
加：营业外收入	20 000.00	60 000.00
减：营业外支出	16 000.00	36 000.00
其中：非流动资产处置损失		
三、利润总额（亏损总额以“–”号填列）	153 000.00	37 800.00
减：所得税费用	38 250.00	9 450.00
四、净利润（净亏损以“–”号填列）	114 750.00	28 350.00
五、每股收益：		
（一）基本每股收益		
（二）稀释每股收益		

（二）期初资料

1.2012 年 12 月 31 日总账及其相关明细账余额情况如表 9-3 ～表 9-6 所示。

表9-3　2012年12月31日账户期末余额情况表

金额单位：元

总账账户	明细账账户	总账余额		明细账余额	
		借　方	贷　方	借　方	贷　方
库存现金		560.00		560.00	
银行存款	基本户	96 000.00		96 000.00	
预付账款	深圳市新星布业有限公司	740 000.00		740 000.00	
原材料	见附表	410 000.00		410 000.00	
库存商品	见附表	1 375 000.00		1 375 000.00	
固定资产	略	2 600 000.00		2 600 000.00	
累计折旧	略		668 000.00		668 000.00
短期借款	略		1 000 000.00		1 000 000.00
应付账款	略		13 600.00		13 600.00
预收账款	贵港市港南服装有限公司		600 000.00		600 000.00
应交税费	略		60 000.00		60 000.00
实收资本	略		2 300 000.00		2 300 000.00
资本公积	略		200 000.00		200 000.00

续表

总账账户	明细账账户	总账余额		明细账余额	
		借　方	贷　方	借　方	贷　方
盈余公积	略		80 000.00		80 000.00
利润分配	未分配利润		607 640.00		607 640.00
生产成本	见附表	307 680.00		307 680.00	
合　计		5 529 240.00	5 529 240.00	5 529 240.00	5 529 240.00

表9-4　2012年12月31日原材料期末结存明细表

金额单位：元

材料名称	型号规格	计量单位	数量	单价	金　额
纯毛面料		米	4 000	50.00	200 000.00
粗纺棉料		米	2 000	40.00	80 000.00
里布		米	3 000	10.00	30 000.00
辅助材料		元			100 000.00
合　计					410 000.00

表9-5　2012年12月31日库存商品期末结存明细表

金额单位：元

商品品名	型号规格	计量单位	数量	单价	金　额
西服		套	3 500	200.00	700 000.00
夹克		件	4 500	150.00	675 000.00
合　计					1 375 000.00

表9-6　2012年12月31日生产成本期末结存明细表

产品名称	直接材料	直接人工	制造费用	合　计
西服	138 000.00	20 730.00	5 486.00	164 216.00
夹克	105 000.00	22 980.00	15 484.00	143 464.00
合　计	243 000.00	43 710.00	20 970.00	307 680.00

（三）其他资料

1. 生产本月产品生产机械工时如表9-7所示。
2. 本月产品生产完工情况表如表9-8所示。

表9-7　本月产品生产机械工时统计表

产品品名	计量单位	数量	备　注
西服	工时	30 000	
夹克	工时	20 000	
合　计		50 000	

表9-8　2013年1月产品生产完工情况表

编制日期：2013年1月31日

产品名称	计量单位	月初在产品	本月投产	本月完工	月末在产品
西服	套	1 000	3 000	4 000	0
夹克	件	1 000	4 000	5 000	0

五、2013 年 1 月发生的经济业务

1. 购进原材料并验收入库，货款已预付。原始凭证如图 9-1 ～图 9-3 所示。

广东省增值税专用发票

发票联

42883106547　　　　NO：3834486

开票日期2013年1月1日

购货单位	名　　称：南华佳丽服装有限公司 纳税人识别号：450122316560533 9 地 址、电 话：南华市星光大道666号0771－68693699 开户行及账号：建行南华星光支行 450016048513666226			密码区	03**263>>0821927-8303 -5215895---669*>7873/ 37315/6*2-+505/32+78 +48-4*1850164907>>>/		加密版本：01 4300062620 03948082
货物或应税劳务名称	规格型号	单位	数量	单价	金额	税率	税额
纯毛面料		米	4 000	50.00	200 000.00	17%	34 000.00
粗纺棉料		米	8 000	40.00	320 000.00	17%	54 400.00
里布		米	10 000	10.00	100 000.00	17%	17 000.00
合　　计					¥620 000.00		¥105 400.00
价税合计（大写）	人民币柒拾贰万伍仟肆佰元整					小写：¥725 400.00	
销货单位	名　　称：深圳市新星布业有限公司 纳税人识别号：6620322316517263 地 址、电 话：深圳市星源路413号　0755-25167832 开户行及账号：建行深圳宜峰支行620316048513645876			备注	冲减预收款		

收款人：　　　复核：苏丽红　　　开票人：江晓艳　　　销货单位：（章）

第二联：购货方记账凭证

深圳市新星布业有限公司　6620322316517263　发票专用章

全国统一发票监制章　广东省　国家税务总局监制

深圳市新星布业有限公司　财务结算章　2013.01.01

图9-1　增值税专用发票

广东省增值税专用发票

抵扣联

42883106547　　　　NO：3834486

开票日期2013年1月1日

购货单位	名　　称：南华佳丽服装有限公司 纳税人识别号：4501223165605339 地 址、电 话：南华市星光大道666号0771－68693699 开户行及账号：建行南华星光支行 450016048513666226			密码区	03**263>>0821927-8303 -5215895---669*>7873/ 37315/6*2-+505/32+78 +48-4*1850164907>>>/		加密版本：01 4300062620 03948082
货物或应税劳务名称	规格型号	单位	数量	单价	金额	税率	税额
纯毛面料		米	4 000	50.00	200 000.00	17%	34 000.00
粗纺棉料		米	8 000	40.00	320 000.00	17%	54 400.00
里布		米	10 000	10.00	100 000.00	17%	17 000.00
合　　计					¥ 620 000.00		¥105 400.00
价税合计（大写）	人民币柒拾贰万伍仟肆佰元整					小写：¥725 400.00	
销货单位	名　　称：深圳市新星布业有限公司 纳税人识别号：6620322316517263 地 址、电 话：深圳市星源路413号　0755-25167832 开户行及账号：建行深圳宜峰支行620316048513645876			备注	冲减预收款		

收款人：　　　复核：苏丽红　　　开票人：江晓艳　　　销货单位：（章）

第三联：购货方抵扣凭证

深圳市新星布业有限公司　6620322316517263　发票专用章

全国统一发票监制章　广东省　国家税务总局监制

深圳市新星布业有限公司　财务结算章　2013.01.01

图9-2　增值税专用发票

材 料 入 库 单

供货单位：深圳市新星布业有限公司　　2013 年 1 月 1 日　　金额单位：元

品名	型号规格	产地	计量单位	单 价	应收数			实收数			盈亏数（+、-）		
					件数	数量	金 额	件数	数量	金 额	件数	数量	金 额
纯毛面料		深圳	米	50.00		4 000	200 000.00		4 000	200 000.00			
粗纺棉料		深圳	米	40.00		8 000	320 000.00		8 000	320 000.00			
里布		深圳	米	10.00		10 000	100 000.00		10 000	100 000.00			
合 计							620 000.00			620 000.00			
备 注													

第三联：财务记账

复核：　　会计：裴玉梅　　验收：阮玉刚　　制单：温建南

图9-3　材料入库单

2. 生产领用材料，如图 9-4 和图 9-5 所示。

领 料 单

领料部门　生产车间

生产单号

制品名称　西服　　制品数量　3 000　　制品用途

2013 年 1 月 1 日　　No:2004562

编号	品名	规格	计量单位	单 价	请领数量	实发数量	金 额
	纯毛面料		米	50	7 800	7 800	390 000.00
	里布		米	10	4 800	4 800	48 000.00
	辅助材料		元				36 000.00
附件 张					合 计		474 000.00
备 注							

第三联：财务记账

主管　容勇康　　会计　　发料　利春红　　领料　余方春　　制单　单建林

图9-4　领料单

领 料 单

领料部门　生产车间

生产单号

制品名称　夹克　　制品数量　5 000　　制品用途

2013 年 1 月 1 日　　No:2004562

编号	品名	规格	计量单位	单 价	请领数量	实发数量	金 额
	粗纺棉料		米	40	9 000	9 000	360 000.00
	里布		米	10	8 000	8 000	80 000.00
	辅助材料		元				50 000.00
附件 张					合 计		490 000.00
备 注							

第三联：财务记账

主管　容勇康　　会计　　发料　利春红　　领料　余方春　　制单　单建林

图9-5　领料单

3. 销售产品，收到货款。原始凭证如图 9-6～图 9-8 所示。

南华市增值税专用发票

55…… 记账联 NO: 6236856

开票日期2013年1月6日

购货单位	名称：南华市兴华贸易有限公司 纳税人识别号：450122316560142 地址、电话：南华市青山路623号0771-96347852 开户行及账号：建行南华江北支行 450016048513666863	密码区	03**263>>0821927-8303 -5215895---669*>7873/ 37315/6*2-+505/32+78 +48-4*1850164907>>>/	加密版本：01 4300062620 03948082

货物或应税劳务名称	规格型号	单位	数量	单价	金额	税率	税额
西服		套	1 500	256.41	384 615.38	17%	65 384.62
夹克		件	2 200	205.13	451 282.05	17%	76 717.95
合　计					¥835897.44		¥142 102.56
价税合计（大写）	人民币玖拾柒万捌仟元整					小写：¥978 000.00	

销货单位	名称：南华佳丽服装有限公司 纳税人识别号：4501223165605339 地址、电话：南华市星光大道666号0771-68693699 开户行及账号：建行南华星光支行 450016048513666226	备注	转账

收款人：　复核：裴玉梅　开票人：丛剑华　销货单位：（章）

第四联：销货方记账凭证

图9-6　增值税专用发票

产　品　出　库　单　No 0032417

购货单位：南华市兴华贸易有限公司　开单日期：2013年1月6日

产品名称	型号规格	计量单位	计划数	实发数	单　价	金　额	单位成本	总成本
西服		套	1 500	1 500	300.00	450 000.00	200.00	300 000.00
夹克		件	2 200	2 200	240.00	528 000.00	150.00	330 000.00
合计						978 000.00		630 000.00
合计（大写）	玖拾柒万捌仟元整							

会计：裴玉梅　保管：汤莉　提货：颜伟林　制单：单建林

第三联：财务记账

图9-7　产品出库单

中国建设银行　进账单　（收账通知）　3

2013年　1　月　6　日

出票人	全　称	南华市兴华贸易有限公司	收款人	全　称	南华佳丽服装有限公司
	账　号	450016048513666863		账　号	450016048513666226
	开户银行	建行南华江北支行		开户银行	建行南华星光支行
金额	人民币（大写）	玖拾柒万捌仟元整		亿千百十万千百十元角分	¥97800000
票据种类	转账支票	票据张数			
票据号码	862347				
复核	记账			收款人开户银行签章	

开户银行交给收款人的收账通知

（印章：中国建设银行股份有限公司南华市江北支行 2013.01.06 办讫章（6））

图9-8　中国建设银行进账单（收账通知）

4. 以银行存款发放工资。原始凭证表 9-9、图 9-9 和图 9-10 所示。

表9–9　2013年1月份职工工资发放表

姓　　名	基本工资	津补贴	奖　　金	应发工资	实发工资
隆剑峰	2 800.00	1 300.00	1 220.00	5 320.00	5 320.00
蔡梦霞	2 500.00	1 200.00	1 180.00	4 880.00	4 880.00
汪东梅	2 500.00	1 200.00	1 160.00	4 860.00	4 860.00
阳莉红	2 200.00	1 000.00	960.00	4 160.00	4 160.00
从剑华	1 800.00	900.00	860.00	3 560.00	3 560.00
…	…	…	…	…	…
…	…	…	…	…	…
合　计	175 000.00	89 000.00	96 000.00	360 000.00	360 000.00

中国建设银行转账支票存根
B C
2 0　　32542666

附加信息

出票日期：2013 年 1 月 7 日

收款人：南华佳丽服装有限公司
金　额：360 000.00
用　途：支付工资

单位主管　　　　会计

图9-9　中国建设银行转账支票存根

中国建设银行　进账单　（回　单）　　1

2013年　1　月　7　日

出票人	全　称	南华佳丽服装有限公司	收款人	全　称	南华佳丽服装有限公司
	账　号	450016048513666226		账　号	
	开户银行	建行南华星光支行		开户银行	建行南星光华支行
金额	人民币（大写）	叁拾陆万元整		亿千百十万千百十元角分	¥36000000
票据种类		转账支票	票据张数	1	
票据号码		32542666			
复核		记账		收款人开户银行签章	

中国建设银行股份有限公司
南华市星光支行
2013.01.07
办讫章
（6）

开户银行交给持（出）票人的回单

图9-10　中国建设银行进账单（回单）

5. 以银行存款支付广告费。原始凭证如图 9-11 ～图 9-13 所示。

南华市广告业专用发票

全国统一发票监制章 南华市 地方税务局监制

发票代码：23500269

发票号码：1605886

客户名称：南华佳丽服装有限公司　　2013年1月16日

项 目	单位	数量	单价	超过拾万元无效	万	千	百	十	元	角	分
广告费					3	0	0	0	0	0	0
合 计（大写）	叁万元整				3	0	0	0	0	0	0

第二联：发票联

南华日报社广告公司 发票专用章

开票单位：（盖章有效）　　开票人：张晓宇　　收款人：黄思龙

图9-11　广告业专用发票

中国建设银行转账支票存根

B C

2 0　　32542667

附加信息

出票日期：2013 年 1 月 16 日

收款人：南华日报社广告公司

金　额：30 000.00

用　途：支付工资

单位主管　　　会计

图9-12　中国建设银行转账支票存根

中国建设银行　进账单　（回　单）　1

2013年　1　月 16　日

出票人	全　称	南华佳丽服装有限公司	收款人	全　称	南华日报社广告公司
	账　号	450016048513666226		账　号	450016048513634362
	开户银行	建行南华星光支行		开户银行	工行南华江北支行
金额	人民币（大写）	叁万元整		亿千百十万千百十元角分	¥ 3 0 0 0 0 0 0
票据种类		转账支票	票据张数		
票据号码		32542667			
复核		记账		付款人开户银行签章	

中国建设银行股份有限公司 南华市星光支行 2013.01.16 办讫章 （6）

开户银行交给持（出）票人的回单

图9-13　中国建设银行进账单（回单）

6. 支付短期借款利息。原始凭证如图 9-14 所示。

中 国 建 设 银 行 特 种 转 账 借 方 凭 证

人民币　　清算日期：2013 年 1 月 22 日　　第　号　（客户回单）

付款人	全　称	南华佳丽服装有限公司	收款人	全称	建行南华星光支行
	账　号	450016048513666226		账号	
	开户银行	建行南华星光支行		开户行	建行南华星光支行
金额（大写）		壹万陆仟元整			¥16 000.00
用途	短期贷款利息				银行盖章
备注	转讫				

中国建设银行股份有限公司 南华市星光支行 2013.01.22 办讫章 (6)

会计主管：　授权：　复核：文丽馨　打印：徐雯

图9-14　中国建设银行特种转账借方凭证

7. 销售产品，货款未收。原始凭证如图 9-15 和图 9-16 所示。

南华市增值税专用发票

5588[illegible]　　记 账 联　　NO 6236857

开票日期2013年1月26日

购货单位	名　称：梧州市莉莉服装贸易公司				密码区	03**263>>0821927-8303	加密版本：01	
	纳税人识别号：450122165601423					-5215895---669*>7873/		
	地址、电话：南华市青山路623号0771-96347852					37315/6*2-+505/32+78	4300062620	
	开户行及账号：建行南华江北支行 450016048513666863					+48-4*1850164907>>>/	03948082	
货物或应税劳务名称	规格型号	单位	数量	单价	金额	税率	税额	
西服		套	800	256.41	205 128.21	17%	34 871.79	
夹克		件	1 000	205.13	205 128.21	17%	34 871.79	
合　计					¥ 410 256.41		¥69 743.59	
价税合计（大写）	人民币肆拾捌万元整					小写	¥480 000.00	
销货单位	名　称：南华佳丽服装有限公司				备注	合同约定2月28日前付款		
	纳税人识别号：4501223165605339							
	地址、电话：南华市星光大道666号0771－68693699							
	开户行及账号：建行南华星光支行 450016048513666226							

第四联：销货方记账凭证

南华佳丽服装有限公司 672344538782755 发票专用章　全国统一发票监制章 南华市 国家税务总局监制　南华佳丽服装有限公司 财务结算章 2013.01.26

收款人：　复核：裴玉梅　开票人：丛剑华　销货单位：（章）

图9-15　增值税专用发票

产　品　出　库　单　　No 0032418

购货单位：梧州市莉莉服装贸易公司　　开单日期：2013年1月26日

产品名称	型号规格	计量单位	计划数	实发数	单 价	金 额	单位成本	总成本
西服		套	800	800	300.00	240 000.00	200.00	160 000.00
夹克		件	1 000	1 000	240.00	240 000.00	150.00	150 000.00
合计						480 000.00		310 000.00
合计（大写）	肆拾捌万元整							

第三联：财务记账

南华佳丽服装有限公司 业务专用章　南华佳丽服装有限公司 财务结算章 2013.01.26

会计：裴玉梅　保管：汤莉　提货：高卫华　制单：单建林

图9-16　产品出库单

8. 销售产品，货款已预收。原始凭证如图 9-17 和图 9-18 所示。

南华市增值税专用发票

5588

记账联

NO 6236858

开票日期2013年1月26日

购货单位	名称：贵港市港南服装有限公司 纳税人识别号：4525223165611358 地址、电话：贵港市江南大道362号0775-42334256 开户行及账号：建行贵港江南支行 450516048513642351			密码区	03**263>>0821927-8303 -5215895---669*>7873/ 37315/6*2-+505/32+78 +48-4*1850164907>>>/		加密版本：01 4300062620 03948082
货物或应税劳务名称	规格型号	单位	数量	单价	金额	税率	税额
西服		套	1 000	256.41	256 410.26	17%	43 589.74
夹克		件	1 200	205.13	246 153.85	17%	41 846.15
合计					¥502 564.10		¥85 435.90
价税合计（大写）	人民币伍拾捌万捌仟元整					小写	¥588 000.00
销货单位	名称：南华佳丽服装有限公司 纳税人识别号：4501223165605339 地址、电话：南华市星光大道666号0771-68693699 开户行及账号：建行南华星光支行 450016048513666226			备注	冲减预收款		

第四联：销货方记账凭证

收款人：　　复核：裴玉梅　　开票人：王剑华　　销货单位：（章）

图9-17　增值税专用发票

产　品　出　库　单　　No 0032419

购货单位：贵港市港南服装有限公司　　开单日期：2013年1月26日

产品名称	型号规格	计量单位	计划数	实发数	单价	金额	单位成本	总成本
西服		套	1 000	1 000	300.00	300 000.00	200.00	200 000.00
夹克		件	1 200	1 200	240.00	288 000.00	150.00	180 000.00
合计						588 000.00		380 000.00
合计（大写）	陆拾伍万壹仟元整							

第三联：财务记账

会计：裴玉梅　　保管：汤莉　　提货：易荣彪　　制单：单建林

图9-18　产品出库单

9. 以银行存款支付捐赠款。原始凭证如图 9-19 ～图 9-21 所示。

收　款　收　据

2013 年 1 月 28 日　　NO 003326

此据不作发票及报销凭证使用

今收到 南华佳丽服装有限公司　交来 捐赠款（转账）
金额（大写） 贰万元整　　¥ 20 000.00
单位盖章：　　收款人：

第三联：付款单位留存

主管：　　会计：　　复核：凌晶晶　　制单：刘丽莲

图9-19　收款收据

中国建设银行转账支票存根

B C

2 0　　32542668

附加信息

出票日期：2013 年 1 月 28日

收款人：南华红十字基金会

金　额：20 000.00

用　途：捐增款

单位主管　　　会计

图9-20　中国建设银行转账支票存根

中国建设银行　进账单　（回　单）　1

2013年　1　月　28　日

出票人	全　称	南华佳丽服装有限公司	收款人	全　称	南华市红十字基金会
	账　号	450016048513666226		账　号	450016048513142556
	开户银行	建行南华星光支行		开户银行	工行南华市江南支行
金额	人民币（大写）	贰万元整		亿千百十万千百十元角分	¥ 2 0 0 0 0 0 0
票据种类		转账支票	票据张数	1	
票据号码		32542668			
复核		记账		收款人开户银行签章	

中国建设银行股份有限公司 南华市星光支行 2013.01.28 办讫章 (6)

开户银行交给持（出）票人的回单

图9-21　中国建设银行进账单（回单）

10. 分配本月工资。根据本月工资发放汇总表（见表 9-9）编制“2013 年 1 月应付职工薪酬分配汇总表”（见表 9-10）。

表9–10　2013年1月应付职工薪酬分配汇总表

2013年1月31日　　　　金额单位：元

项　　目	基本工资	岗位津贴	奖　　金	合　　计
西服生产工人	58 980.00	29 060.00	31 230.00	119 270.00
夹克生产工人	47 520.00	18 700.00	20 800.00	87 020.00
车间管理人员	22 600.00	12 920.00	13 630.00	49 150.00
销售人员	19 200.00	12 130.00	12 650.00	43 980.00
行政管理人员	26 700.00	16 190.00	17 690.00	60 580.00
合　计	175 000.00	89 000.00	96 000.00	360 000.00

11. 预提本月水电费。本月各部门耗用的水电费情况如表 9-11 和表 9-12 所示。

表9-11 水费分配表

编制日期：2013年1月31日　　　　金额单位：元

部门或项目	计量单位	数 量	单 价	金 额	备 注
西服生产耗用	度	1 250	1.20	1 500.00	
夹克生产耗用	度	950	1.20	1 140.00	
车间一般耗用	度	450	1.20	540.00	
管理部门耗用	度	1 350	1.20	1 620.00	
合 计		4 000		4 800.00	

表9-12 电费分配表

编制日期：2013年1月31日　　　　金额单位：元

部门或项目	计量单位	数 量	单 价	金 额	备 注
西服生产耗用	度	8 600	0.50	4 300.00	
夹克生产耗用	度	7 800	0.50	3 900.00	
车间一般耗用	度	800	0.50	400.00	
管理部门耗用	度	2 800	0.50	1 400.00	
合 计		20 000		10 000.00	

12. 计提固定资产折旧。本月应计提的固定资产折旧如表 9-13 所示。

表9-13 固定资产折旧计算表

编制日期：2013年1月31日　　　　金额单位：元

使用部门	固定资产类别	原始价值	月综合折旧率	合计金额
生产车间	厂房	800 000.00	0.45%	3 600.00
	设备	600 000.00	1.25%	7 500.00
	小计	1 400 000.00		11 100.00
管理部门	房屋及建筑物	1 200 000.00	0.45%	5 400.00
	运输工具	600 000.00	1.25%	7 500.00
	交通工具	300 000.00	1.00%	3 000.00
	小计	2 100 000.00		15 900.00
合 计		3 500 000.00		27 000.00

13. 计提本月应交的营业税金及附加。按规定计算，本月应交的营业税金及附加如表 9-14 所示。

表9–14 应交营业税金及附加明细表

金额单位：元

项　　目	金　　额	备　　注
营业税	13 000.00	
城市维护建设税	4 900.00	
教育费附加	2 100.00	
合　　计	20 000.00	

六、操作程序及要求

1. 根据表 9-3 所示的“账户期末余额情况表”的总账账户余额开设总分类账户。

2. 根据表 9-3 所示的“账户期末余额情况表”明细账余额开设现金日记账和银行存款日记账。

3. 根据表 9-4 所示的“原材料期末结存明细表”开设材料明细账。

4. 根据表 9-5 所示的“库存商品期末结存明细表”开设库存商品明细账。

5. 根据表 9-6 所示的“生产成本期末结存明细表”开设生产成本明细账。

6. 根据 2013 年 1 月发生的经济业务（1 ～ 13）编制记账凭证。

7. 根据记账凭证及其所附的原始凭证登记制造费用明细账，并按照表 9-7 所示的“本月产品生产机械工时统计表”的工时比例进行分配；同时登记制造费用明细账。

8. 根据记账凭证及其所附的原始凭证登记生产成本明细账，并结合表 9-8 所示的“本月产品生产完工情况表”编制产品成本计算表。

9. 根据产品成本计算表编制“完工产品成本汇总表”，并据以编制记账凭证。

10. 根据记账凭证登记总账。

11. 根据总账编制“结转前损益类账户余额表”，编制结转到“本年利润”账户的记账凭证，同时根据记账凭证登记总账。

12. 根据“本年利润”账户计算本月利润总额，编制“应交企业所得税计算表”，并据以编制计提所得税费用和结转所得税费用的记账凭证，同时根据记账凭证登记总账。

13. 根据总账余额编制“总账账户期末余额试算平衡表”。

14. 根据“期末余额试算平衡表”及有关明细账编制“资产负债表”。

15. 根据总账损益类账户的发生额编制“利润表”。

16. 根据记账凭证及其所附的原始凭证登记现金日记账、银行存款日记账，并与总账核对相符。

17. 根据记账凭证及其所附的原始凭证登记材料明细账、库存商品明细账、生产成本明细账，并与总账核对相符。

18. 根据记账凭证及其所附的原始凭证登记其他相关明细账（略）。

七、操作过程

1. 根据表 9-3“账户期末余额情况表”的总账账户余额开设总分类账户（见图 9-22 ～图 9-39）。

总　　账

会计科目或户名 库存现金　　　　分页第　　页 总页第　　页

年		凭证编号		摘要	借（收入）方											√	贷（付出）方											√	借或贷	余额											√
月	日	字	号		亿	千	百	十	万	千	百	十	元	角	分		亿	千	百	十	万	千	百	十	元	角	分			亿	千	百	十	万	千	百	十	元	角	分	

图9-22　总账

总　　账

会计科目或户名 银行存款　　　　分页第 1 页 总页第　　页

年		凭证编号		摘要	借（收入）方											√	贷（付出）方											√	借或贷	余额											√
月	日	字	号		亿	千	百	十	万	千	百	十	元	角	分		亿	千	百	十	万	千	百	十	元	角	分			亿	千	百	十	万	千	百	十	元	角	分	

图9-23　总账

总　　账

会计科目或户名 应收账款　　　　分页第____页 总页第____页

年		凭证编号		摘要	借（收入）方										√	贷（付出）方										√	借或贷	余额										√
月	日	字	号		亿	千	百	十	万	千	百	十	元	角	分		亿	千	百	十	万	千	百	十	元	角	分			亿	千	百	十	万	千	百	十	元	角	分	

图9-24　总账

总　　账

会计科目或户名 预付账款　　　　分页第____页 总页第____页

年		凭证编号		摘要	借（收入）方										√	贷（付出）方										√	借或贷	余额										√
月	日	字	号		亿	千	百	十	万	千	百	十	元	角	分		亿	千	百	十	万	千	百	十	元	角	分			亿	千	百	十	万	千	百	十	元	角	分	

图9-25　总账

总　　账

会计科目或户名 原材料　　　　分页第____页 总页第____页

年		凭证编号		摘要	借（收入）方										√	贷（付出）方										√	借或贷	余额										√
月	日	字	号		亿	千	百	十	万	千	百	十	元	角	分		亿	千	百	十	万	千	百	十	元	角	分			亿	千	百	十	万	千	百	十	元	角	分	

图9-26　总账

总 账

会计科目或户名 库存商品　　　　　分页第　　页 总页第　　页

年		凭证编号		摘要	借（收入）方											√	贷（付出）方											√	借或贷	余额											√
月	日	字	号		亿	千	百	十	万	千	百	十	元	角	分		亿	千	百	十	万	千	百	十	元	角	分			亿	千	百	十	万	千	百	十	元	角	分	

图9-27　总账

总 账

会计科目或户名 固定资产　　　　　分页第　　页 总页第　　页

年		凭证编号		摘要	借（收入）方											√	贷（付出）方											√	借或贷	余额											√
月	日	字	号		亿	千	百	十	万	千	百	十	元	角	分		亿	千	百	十	万	千	百	十	元	角	分			亿	千	百	十	万	千	百	十	元	角	分	

图9-28　总账

总 账

会计科目或户名 累计折旧　　　　　分页第 1 页 总页第　　页

年		凭证编号		摘要	借（收入）方											√	贷（付出）方											√	借或贷	余额											√
月	日	字	号		亿	千	百	十	万	千	百	十	元	角	分		亿	千	百	十	万	千	百	十	元	角	分			亿	千	百	十	万	千	百	十	元	角	分	

图9-29　总账

总　　账

会计科目或户名 短期借款　　　　　　　　分页第 1 页 总页第____页

年		凭证编号		摘要	借（收入）方											√	贷（付出）方											√	借或贷	余额											√
月	日	字	号		亿	千	百	十	万	千	百	十	元	角	分		亿	千	百	十	万	千	百	十	元	角	分			亿	千	百	十	万	千	百	十	元	角	分	

图9-30　总账

总　　账

会计科目或户名 应付账款　　　　　　　　分页第 1 页 总页第____页

年		凭证编号		摘要	借（收入）方											√	贷（付出）方											√	借或贷	余额											√
月	日	字	号		亿	千	百	十	万	千	百	十	元	角	分		亿	千	百	十	万	千	百	十	元	角	分			亿	千	百	十	万	千	百	十	元	角	分	

图9-31　总账

总　　账

会计科目或户名 预收账款　　　　　　　　分页第____页 总页第____页

年		凭证编号		摘要	借（收入）方											√	贷（付出）方											√	借或贷	余额											√
月	日	字	号		亿	千	百	十	万	千	百	十	元	角	分		亿	千	百	十	万	千	百	十	元	角	分			亿	千	百	十	万	千	百	十	元	角	分	

图9-32　总账

总　　账

会计科目或户名 应付职工薪酬　　　　分页第 1 页 总页第 ___ 页

年		凭证编号		摘要	借（收入）方											√	贷（付出）方											√	借或贷	余额											√
月	日	字	号		亿	千	百	十	万	千	百	十	元	角	分		亿	千	百	十	万	千	百	十	元	角	分			亿	千	百	十	万	千	百	十	元	角	分	

图9-33　总账

总　　账

会计科目或户名 应交税费　　　　分页第 1 页 总页第 ___ 页

年		凭证编号		摘要	借（收入）方											√	贷（付出）方											√	借或贷	余额											√
月	日	字	号		亿	千	百	十	万	千	百	十	元	角	分		亿	千	百	十	万	千	百	十	元	角	分			亿	千	百	十	万	千	百	十	元	角	分	

图9-34　总账

总　　账

会计科目或户名 实收资本　　　　分页第 1 页 总页第 ___ 页

年		凭证编号		摘要	借（收入）方											√	贷（付出）方											√	借或贷	余额											√
月	日	字	号		亿	千	百	十	万	千	百	十	元	角	分		亿	千	百	十	万	千	百	十	元	角	分			亿	千	百	十	万	千	百	十	元	角	分	

图9-35　总账

总 账

会计科目或户名 资本公积　　　　分页第 1 页 总页第____页

年		凭证编号		摘要	借（收入）方										√	贷（付出）方										√	借或贷	余额										√
月	日	字	号		亿	千	百	十	万	千	百	十	元	角	分		亿	千	百	十	万	千	百	十	元	角	分			亿	千	百	十	万	千	百	十	元	角	分	

图9-36 总账

总 账

会计科目或户名 盈余公积　　　　分页第 1 页 总页第____页

年		凭证编号		摘要	借（收入）方										√	贷（付出）方										√	借或贷	余额										√
月	日	字	号		亿	千	百	十	万	千	百	十	元	角	分		亿	千	百	十	万	千	百	十	元	角	分			亿	千	百	十	万	千	百	十	元	角	分	

图9-37 总账

总 账

会计科目或户名 利润分配　　　　分页第 1 页 总页第____页

年		凭证编号		摘要	借（收入）方										√	贷（付出）方										√	借或贷	余额										√
月	日	字	号		亿	千	百	十	万	千	百	十	元	角	分		亿	千	百	十	万	千	百	十	元	角	分			亿	千	百	十	万	千	百	十	元	角	分	

图9-38 总账

总　账

会计科目或户名 生产成本　　　　分页第 1 页 总页第＿＿页

年		凭证编号		摘要	借（收入）方											√	贷（付出）方											√	借或贷	余额											√
月	日	字	号		亿	千	百	十	万	千	百	十	元	角	分		亿	千	百	十	万	千	百	十	元	角	分			亿	千	百	十	万	千	百	十	元	角	分	

图9-39　总账

2. 根据表9-3所示的“账户期末余额情况表”明细账余额开设现金日记账（见图9-40）和银行存款日记账（见图9-41）。

现 金 日 记 账

总第＿＿页　分第＿＿页

年		凭证		摘要	借（收）方											√	贷（付）方											√	余额											√
月	日	字	号		亿	千	百	十	万	千	百	十	元	角	分		亿	千	百	十	万	千	百	十	元	角	分		亿	千	百	十	万	千	百	十	元	角	分	

图9-40　现金日记账

银 行 存 款 日 记 账

户名：________ 账号：________ 总第____页 分第____页

年		凭证		摘要	借（收）方											√	贷（付）方											√	余额											√
月	日	字	号		亿	千	百	十	万	千	百	十	元	角	分		亿	千	百	十	万	千	百	十	元	角	分		亿	千	百	十	万	千	百	十	元	角	分	

图9-41 银行存款日记账

3. 根据表9-4所示的“原材料期末结存明细表”开设材料明细账（见图9-42～图9-45）。

材 料 明 细 账

品名 纯毛面料 型号规格________ 计量单位 米 存放地点 材料库

本账页次	
本户页次	

年		记账凭证		摘要	单价	收入（借方）										付出（贷方）										结存										
						数量	金额									数量	金额									数量	均价	金额								
月	日	字	号				百	十	万	千	百	十	元	角	分		百	十	万	千	百	十	元	角	分			百	十	万	千	百	十	元	角	分

图9-42 材料明细账

材 料 明 细 账

品名 粗纺棉料 型号规格________ 计量单位 米 存放地点 材料库

本账页次	
本户页次	

年		记账凭证		摘要	单价	收入（借方）										付出（贷方）										结存										
						数量	金额									数量	金额									数量	均价	金额								
月	日	字	号				百	十	万	千	百	十	元	角	分		百	十	万	千	百	十	元	角	分			百	十	万	千	百	十	元	角	分

图9-43 材料明细账

材料明细账

品名 里布　　型号规格＿＿＿＿　　计量单位 米　　存放地点 材料库

本账页次	
本户页次	

年		记账凭证		摘要	单价	收 入（借方）										付 出（贷方）										结 存										
						数量	金额									数量	金额									数量	均价	金额								
月	日	字	号				百	十	万	千	百	十	元	角	分		百	十	万	千	百	十	元	角	分			百	十	万	千	百	十	元	角	分

图9-44　材料明细账

材料明细账

品名 辅助材料　　型号规格＿＿＿＿　　计量单位 元　　存放地点 材料库

本账页次	
本户页次	

年		记账凭证		摘要	单价	收 入（借方）										付 出（贷方）										结 存										
						数量	金额									数量	金额									数量	均价	金额								
月	日	字	号				百	十	万	千	百	十	元	角	分		百	十	万	千	百	十	元	角	分			百	十	万	千	百	十	元	角	分

图9-45　材料明细账

4. 根据表9-5所示的“库存商品期末结存明细表”开设库存商品明细账（见图9-46和图9-47）。

库存商品明细账

商品品名 西服　　型号规格＿＿＿＿　　计量单位 套　　零售价格＿＿＿＿

本账页次	
本户页次	

年		记账凭证		摘要	单价	收 入（借方）										付 出（贷方）										结 存										
						数量	金额									数量	金额									数量	均价	金额								
月	日	字	号				百	十	万	千	百	十	元	角	分		百	十	万	千	百	十	元	角	分			百	十	万	千	百	十	元	角	分

图9-46　库存商品明细账

库存商品明细账

商品品名 夹克　　型号规格 ________　　计量单位 件　　零售价格 ________

本账页次	
本户页次	

年		记账凭证		摘要	单价	收入（借方）										付出（贷方）										结存										
						数量	金额									数量	金额									数量	均价	金额								
月	日	字	号				百	十	万	千	百	十	元	角	分		百	十	万	千	百	十	元	角	分			百	十	万	千	百	十	元	角	分

图9-47　库存商品明细账

5. 根据表 9-6 所示的“生产成本期末结存明细表”开设生产成本明细账（见图 9-48 和图 9-49）。

生产成本明细账

产品名称：西服　　生产批号：________　　总第____页　分第____页

年		记账凭证		摘要	合计										直接材料										直接人工										制造费用									
月	日	字	号		千	百	十	万	千	百	十	元	角	分	千	百	十	万	千	百	十	元	角	分	千	百	十	万	千	百	十	元	角	分	千	百	十	万	千	百	十	元	角	分

图9-48　生产成本明细账

生 产 成 本 明 细 账

产品名称：夹克　　生产批号：________　　总第____页　分第____页

年		记账凭证		摘要	合计										直接材料										直接人工										制造费用									
月	日	字	号		千	百	十	万	千	百	十	元	角	分	千	百	十	万	千	百	十	元	角	分	千	百	十	万	千	百	十	元	角	分	千	百	十	万	千	百	十	元	角	分

图9-49　生产成本明细账

6. 根据2013年1月发生的经济业务编制记账凭证（自备30张记账凭证，按实际需要使用）。

7. 根据记账凭证及其所附的原始凭证登记制造费用明细账（见图9-50），按表9-7所示的“本月产品生产机械工时统计表”的工时比例进行分配（见表9-15），并据以编制记账凭证；同时登记制造费用明细账（见图9-50）。

制造费用　明细账

本账页次	
本户页次	

细目 生产车间　　户名________

年		记账凭证		摘要	借（收）方											√	贷（付）方											√	借或贷	余额											√
月	日	字	号		亿	千	百	十	万	千	百	十	元	角	分		亿	千	百	十	万	千	百	十	元	角	分			亿	千	百	十	万	千	百	十	元	角	分	

图9-50　制造费用明细账

表9-15 制造费用分配表

编制日期： 年 月 日 金额单位：元

项　目	工　时	分配率	分配金额
西服	30 000		
夹克	20 000		
合计	50 000		

8. 根据记账凭证及其所附的原始凭证登记生产成本明细账（见图9-48和图9-49），并结合表9-8所示的“本月产品生产完工情况表”编制产品成本计算表（见表9-16和表9-17）。

表9-16 产品成本计算表（简）

成本对象：西服 2013年1月31日 金额单位：元

项　　目	直接材料	直接人工	制造费用	合　计
期初在产品成本				
本期生产成本				
生产成本合计				
本期完工产品产量				
单位成本				

表9-17 产品成本计算表（简）

成本对象：夹克 2013年1月31日 金额单位：元

项　　目	直接材料	直接人工	制造费用	合　计
期初在产品成本				
本期生产成本				
生产成本合计				
本期完工产品产量				
单位成本				

9. 根据产品成本计算表编制“完工产品成本汇总表”（见表9-18），并据以编制记账凭证。

表9-18 完工产品成本汇总表

年 月 日 金额单位：元

品　名	型号规格	计量单位	数　量	单位成本	总成本	备　注
西服		套				
夹克		件				
合　计						

10. 根据记账凭证登记总账（见图 9-22 ～图 9-39；图 9-51 ～图 9-59）。

总　　账

会计科目或户名 主营业务收入　　　　分页第 1 页 总页第＿＿页

年		凭证编号		摘要	借（收入）方										√	贷（付出）方										√	借或贷	余额										√
月	日	字	号		亿	千	百	十	万	千	百	十	元	角	分		亿	千	百	十	万	千	百	十	元	角	分			亿	千	百	十	万	千	百	十	元

图9-51　总账

总　　账

会计科目或户名 主营业务成本　　　　分页第 1 页 总页第＿＿页

年		凭证编号		摘要	借（收入）方										√	贷（付出）方										√	借或贷	余额										√
月	日	字	号		亿	千	百	十	万	千	百	十	元	角	分		亿	千	百	十	万	千	百	十	元	角	分			亿	千	百	十	万	千	百	十	元

图9-52　总账

总　　账

会计科目或户名 营业税金及附加　　　　分页第 1 页 总页第＿＿页

年		凭证编号		摘要	借（收入）方										√	贷（付出）方										√	借或贷	余额										√
月	日	字	号		亿	千	百	十	万	千	百	十	元	角	分		亿	千	百	十	万	千	百	十	元	角	分			亿	千	百	十	万	千	百	十	元

图9-53　总账

总　　账

会计科目或户名 销售费用　　　　分页第 1 页 总页第 ___ 页

年		凭证编号		摘要	借（收入）方										√	贷（付出）方										√	借或贷	余额										√
月	日	字	号		亿	千	百	十	万	千	百	十	元	角	分		亿	千	百	十	万	千	百	十	元	角	分			亿	千	百	十	万	千	百	十	元	角	分	

图9-54　总账

总　　账

会计科目或户名 管理费用　　　　分页第 1 页 总页第 ___ 页

年		凭证编号		摘要	借（收入）方										√	贷（付出）方										√	借或贷	余额										√
月	日	字	号		亿	千	百	十	万	千	百	十	元	角	分		亿	千	百	十	万	千	百	十	元	角	分			亿	千	百	十	万	千	百	十	元	角	分	

图9-55　总账

总　　账

会计科目或户名 财务费用　　　　分页第 1 页 总页第 ___ 页

年		凭证编号		摘要	借（收入）方										√	贷（付出）方										√	借或贷	余额										√
月	日	字	号		亿	千	百	十	万	千	百	十	元	角	分		亿	千	百	十	万	千	百	十	元	角	分			亿	千	百	十	万	千	百	十	元	角	分	

图9-56　总账

总　　账

会计科目或户名 营业外支出　　　　分页第 1 页 总页第 ___ 页

年		凭证编号		摘要	借（收入）方											√	贷（付出）方											√	借或贷	余额											√
月	日	字	号		亿	千	百	十	万	千	百	十	元	角	分		亿	千	百	十	万	千	百	十	元	角	分			亿	千	百	十	万	千	百	十	元	角	分	

图9-57　总账

总　　账

会计科目或户名 本年利润　　　　分页第 1 页 总页第 ___ 页

年		凭证编号		摘要	借（收入）方											√	贷（付出）方											√	借或贷	余额											√
月	日	字	号		亿	千	百	十	万	千	百	十	元	角	分		亿	千	百	十	万	千	百	十	元	角	分			亿	千	百	十	万	千	百	十	元	角	分	

图9-58　总账

总　　账

会计科目或户名 所得税费用　　　　分页第 1 页 总页第 ___ 页

年		凭证编号		摘要	借（收入）方											√	贷（付出）方											√	借或贷	余额											√
月	日	字	号		亿	千	百	十	万	千	百	十	元	角	分		亿	千	百	十	万	千	百	十	元	角	分			亿	千	百	十	万	千	百	十	元	角	分	

图9-59　总账

11. 根据总账编制“结转前损益类账户余额表”（见表 9-19），编制结转到“本年利润”账户的记账凭证，同时根据记账凭证登记总账（见图 9-51 ～图 9-59）。

表9-19　结转前损益类账户余额表

编制日期：　　　年　月　日　　　　　　　　　　　　　　　　　　　　金额单位：元

会计科目	贷方金额	会计科目	借方金额
合　计		合　计	

12. 根据“本年利润”账户计算本月利润总额，编制“应交企业所得税计算表”（见表 9-20），并据以编制计提所得税费用和结转所得税费用的记账凭证，同时根据记账凭证登记总账（见图 9-34；图 9-51 ～图 9-59）。

表9-20　应交企业所得税计算表

编制日期：　　　年　月　日　　　　　　　　　　　　　　　　　　　　金额单位：元

利润总额	纳税调整金额（+、-）	应纳税所得额	税率	应纳所得税额	备　注

13. 根据总账余额编制“总账账户期末余额试算平衡表”（见表 9-21）。

表9-21　总账账户期末余额试算平衡表

编制日期：　　　年　月　日　　　　　　　　　　　　　　　　　　　　金额单位：元

科目名称	借方余额	贷方余额	备注
库存现金			
银行存款			
应收账款			
预付账款			
原材料			
库存商品			
固定资产			
累计折旧			
短期借款			
应付账款			
预收账款			
应交税费			

续表

科目名称	借方余额	贷方余额	备注
实收资本			
资本公积			
盈余公积			
本年利润			
利润分配			
生产成本			
合　　计			

14. 根据“期末余额试算平衡表”及有关明细账编制“资产负债表”（见表 9-22）。

表9-22　资产负债表

会企01表

编制单位：南华佳丽服装有限公司　　　　年　　月　　日　　　　单位：元

资　　产	期末余额	年初余额	负债和所有者权益（或股东权益）	期末余额	年初余额
流动资产：			流动负债：		
货币资金			短期借款		
交易性金融资产			交易性金融负债		
应收票据			应付票据		
应收账款			应付账款		
预付款项			预收款项		
应收利息			应付职工薪酬		
应收股利			应交税费		
其他应收款			应付利息		
存货			应付股利		
一年内到期的非流动资产			其他应付款		
其他流动资产			一年内到期的非流动负债		
[illegible]产合计			其他流动负债		
[illegible]			流动负债合计		
[illegible]产			非流动负债：		
[illegible]			长期借款		
[illegible]			应付债券		
[illegible]			长期应付款		
[illegible]			专项应付款		
[illegible]			预计负债		
[illegible]			递延所得税负债		
[illegible]			其他非流动负债		

续表

资　　产	期末余额	年初余额	负债和所有者权益（或股东权益）	期末余额	年初余额
固定资产清理			非流动负债合计		
生产性生物资产			负债合计		
油气资产			所有者权益（或股东权益）：		
无形资产			实收资本（或股本）		
开发支出			资本公积		
商誉			减：库存股		
长期待摊费用			盈余公积		
递延所得税资产			未分配利润		
其他非流动资产			所有者权益（或股东权益）合计		
非流动资产合计					
资产总计			负债和所有者权益（或股东权益）总计		

15. 根据总账损益类账户的发生额编制“利润表”（见表 9-23）。

表9-23 利 润 表

会企02表

编制单位：南华佳丽服装有限公司　　　　年　月　　　　单位：元

项　　目	本期金额	上期金额
一、营业收入		
减：营业成本		
营业税金及附加		
销售费用		
管理费用		
财务费用		
资产减值损失		
加：公允价值变动收益（损失以“－”号填列）		
投资收益（损失以“－”号填列）		
其中：（对联营企业和合营企业的投资收益）		
二、营业利润（亏损以“－”号填列）		
加：营业外收入		
减：营业外支出		
其中：非流动资产处置损失		

续表

项目	本期金额	上期金额
三、利润总额（亏损总额以“－”号填列）		
减：所得税费用		
四、净利润（净亏损以“－”号填列）		
五、每股收益：		
（一）基本每股收益		
（二）稀释每股收益		

16. 根据记账凭证及其所附的原始凭证登记现金日记账（见图 9-40）、银行存款日记账（见图 9-41），给出余额，并与总账核对相符。

17. 根据记账凭证及其所附的原始凭证登记材料明细账（见图 9-42～图 9-45）、库存商品明细账（见图 9-46 和图 9-47）、生产成本明细账（见图 9-48 和图 9-49），给出余额，并与总账核对相符。

18. 根据记账凭证及其所附的原始凭证登记其他相关明细账（略）。